Knaur
MensSana

Über den Autor:
Bernd Frederich ist Facharzt für Innere Medizin und verfügt über die Zusatzausbildung zur Psychotherapie und Familientherapie. Nach 15 Jahren hausärztlicher Tätigkeit arbeitet er seit über 10 Jahren nach dem von ihm entwickelten Modell der Familien-Psychosomatik: »Nicht der Patient ist krank, sondern die Beziehung, in der er lebt!«

Bernd Frederich

Wenn die Partnerschaft krank macht

Wie wir lernen können, die Signale unseres Körpers zu verstehen

Knaur
MensSana

Besuchen Sie uns im Internet:
www.droemer-weltbild.de

Deutsche Erstausgabe 2000
Dieser Titel ist bereits unter der Bandnummer 76209 erschienen.

Redaktion: Claudia Alt
Umschlaggestaltung: Werbeagentur ZERO, München
Umschlagabbildung: Look, München/Florian Werner
Satz: Ventura Publisher im Verlag
Druck und Bindung: Nørhaven A/S
Printed in Denmark
ISBN 3-426-87078-9

2 4 5 3 1

Inhalt

Für Heike, Markus, Jens und Anke

Ich habe keine Lehre.
Ich zeige nur etwas.
Ich zeige Wirklichkeit, ich zeige.
etwas an der Wirklichkeit,
was nicht oder zu wenig gesehen worden ist.
Ich nehme ihn, der mir zuhört, an der Hand
und führ' ihn zum Fenster.
Ich stoße das Fenster auf
und zeige hinaus.

Martin Buber

Einleitung

Fast unbemerkt von der breiten Öffentlichkeit vollzieht sich in unserem ärztlichen Denken ein entscheidender Wandel im Krankheitsverständnis. Die Folgen hieraus sind sicher mehr als aufregend.

Früher stand ich Krankheiten wie den verschiedenen Formen von Magersucht, Durchfällen bei nervösem Dickdarm, Zwölffingerdarmgeschwüren, nervösem Herzstolpern/Kreislaufstörungen, Migräne, Asthma bronchiale, Neurodermitis, Ängsten der verschiedensten Art, Schlafstörungen, Depressionen mehr oder weniger hilflos gegenüber. Heute gibt mir das Instrumentarium der Familien-Medizin mehr Möglichkeiten, Patienten mit diesen Beschwerden wirkungsvoll helfen zu können.

Da Gesundheit, eine wesentliche Voraussetzung für ein glückliches Leben, weniger durch uns Ärzte bewirkt werden kann, sondern vielmehr von jedem einzelnen, von der Bevölkerung herbeigeführt wird, wende ich mich gezielt an den interessierten Laien.

Als Familien-Psychotherapeut kann ich nur anteilnehmend beobachten und beratend wirken. Helfen muß sich der Erkrankte, die gesamte Familie selbst. Die Veränderungen, die durchzuführen sind, um Gesundheit entstehen zu lassen, muß ein jeder selbst, ganz für sich allein, vornehmen, dies kann niemand ihm oder der betroffenen Familie abnehmen! Dieses Buch soll Ihnen hierfür eine Hilfestellung bieten. Sie werden Ihre eigenen Strategien zur Lebensbewältigung wahrhaben und die daraus folgenden Wirkungen für sich und andere kennenlernen. Sie werden die Ihren Lebensmethoden zugrunde liegenden Ängste erfahren, und es wird Ihnen gezeigt, wie Sie – wenn Sie wollen – Ihre Beziehungsschemata ändern und damit Gesundheit erlangen können.

Aus den Entdeckungen von Robert Koch, Louis Pasteur, Paul Ehrlich und anderen folgte die Einführung der körperlichen und öffentlichen Hygiene. Man hatte vor rund hundert Jahren erkannt, daß die großen Seuchen des Mittelalters wie Pest, Cholera und Typhus nicht rein zufällig oder eine Strafe Gottes waren, sondern schlicht auf mangelhafte Hygiene, auf Bakterien, zurückgeführt werden konnten. Die großen Erfolge der Medizin damals lagen somit weniger im Behandeln von bereits bakteriell Infizierten, sondern im Vorbeugen und Verhindern dieser Erkrankungen. All die hierfür notwendigen Maßnahmen lernte ein jeder für sich allein durchzuführen. Ein Arzt war nicht notwendig.

Ärzte wie Koch und Virchow erzielten ihre Erkenntnisse auf dem Wege des rein mechanistischen, monokausalen Denkens. Im Sinne des griechischen Philosophen Demokrit, verstärkt durch die von Newton und Descartes vorgegebene Denk- und Arbeitsweise, zerlegten sie den einzelnen menschlichen Organismus in immer winzigere Bruchstücke, bis sie die einzelnen Bakterien und später die Viren fanden, sowie sonstige Abweichungen der menschlichen Gewebe und Säfte vom Normalen. Es wurde gefolgert: Bakterium ist gleichbedeutend mit Krankheit!

Ich wage zu behaupten, daß diese Vorgehensweise, den einzelnen zu analysieren und ihn damit verstehen zu wollen, heute an die Grenze ihrer Erkenntnismöglichkeit gestoßen ist. Die geringe Wirksamkeit unseres Medizinbetriebes bei immensen jährlichen Kosten (1997: über fünfhundert Milliarden DM!) sind für mich ein Beleg hierfür.
Besonders wenn ich mein Augenmerk auf das richte, was sich in den Familien zwischen den einzelnen Mitgliedern abspielt, finde ich meine Ansichten bestätigt. Mache ich mir die Strategie des Beziehungsdenkens zu eigen, lerne ich zu akzeptieren, daß das Befinden unseres Körpers die logische Konsequenz unserer Programme, unseres Umgangs mit den Mitmenschen ist, so ergeben sich auf einmal wirksame therapeutische Ansätze, die sehr häufig zu verblüffenden Erfolgen führen.
Über vierzehn Jahre war ich in einem kleinen Städtchen am Rande des Odenwaldes Internist und Hausarzt, das heißt, meine Sprechstunde ist der eines praktischen Arztes vergleichbar. Im Umgang mit den Patienten, insbesondere bei den Hausbesuchen, konnte ich mit der Zeit vier für mich entscheidende Beobachtungen feststellen:

1. Die viel zu häufige Unwirksamkeit meines schulmedizinischen Instrumentariums: Die Neurodermitiker beispielsweise mußten sich immer weiter kratzen; die Patienten mit einer Colitis ulcerosa (blutige Dickdarmdurchfälle) waren weiter gezwungen, fünfzehn- bis zwanzigmal pro Tag auf die Toilette zu gehen, und depressive Leute wurden unentwegt von ihrer

Traurigkeit beherrscht. Ich mußte für mich persönlich wahrnehmen, daß ich für den Praxisalltag von den Hochschulen als auch von den Kliniken miserabel ausgebildet worden war und dies, obwohl ich sogenannte ausgezeichnete Ausbildungsstätten absolviert hatte! In meinen Augen hatte das Theoriemodell der Schulmedizin zu großen Teilen versagt.

2. Ich konnte zwei psychologisch unterschiedliche Menschentypen unterscheiden: Menschen mit einer ausgeprägten Angst vor Schwäche und solche mit einer großen Angst vor Fehlern.
3. In den Patienten-Familien war immer wieder ein hohes Maß an Aggressivität feststellbar. Diese Aggressivität lernte ich später auf verborgene Ängste zurückzuführen.
4. Viele Erkrankungen waren für den Betreffenden äußerst sinnvoll. Sie stellten eine verschlüsselte Botschaft dar.

Damit wurde mir auch klar, warum mein hochschulmedizinisches Instrumentarium so oft versagen mußte. Denn wenn Krankheit für einen Menschen – zumindest vorübergehend – eine Entlastung, eine Rettung bedeutet, so muß es ihm geradezu als Gemeinheit erscheinen, wenn die Medizin mit allen Mitteln versucht, ihm diesen Rettungsring, seine ihm ureigene Lösungsmöglichkeit für seine Konflikte, wegzunehmen. Folgerichtig wird er also an seiner Erkrankung festhalten oder sich aber ein neues Symptom zulegen.
Versuche ich dagegen als Arzt dem Patienten die Not-

wendigkeit seiner Erkrankung aufzuzeigen, ihm deutlich zu machen, daß ihm aufgrund seiner bisherigen Lebensweise, seiner Lebensbewältigungsstrategien, gar keine andere Wahl als Krankheit blieb, so wird er sich zutiefst verstanden fühlen und sich öffnen. Schließe ich die gesamte Familie, das ganze Familiensystem in die Therapie mit ein, so kann ich den Beteiligten zeigen, wie sie aggressionsärmer und damit gelungener miteinander umgehen können, Krankheiten erübrigen sich so weitgehend.

Entscheidend ist, daß ich als Therapeut nicht mehr isoliert auf den Erkrankten, den sogenannten »Index-Patienten«, starre wie das Kaninchen auf die berühmte Schlange, sondern, daß ich beobachten, hineinfühlen lerne, wie der Patient und seine Familienmitglieder miteinander umgehen. Welche Nachrichten (Botschaften) in diesem Familiensystem ausgetauscht werden, welche Ängste wer vor wem entwickelt hat.

Dieses Buch ist in erster Linie als Sachbuch für den Laien konzipiert. Ganz bewußt stelle ich daher manche Sachverhalte vereinfacht dar und sichere nicht jede Aussage mit einer Reihe von Literaturangaben ab. Die für mich entscheidenden Autoren habe ich im Anhang zusammengestellt, ihnen bin ich zu größtem Dank verpflichtet.

Nichtzitierte Forscher mögen mir bitte verzeihen. Sich mit ihnen auseinander-, besser zusammenzusetzen, möchte ich Veröffentlichungen in Fachzeitschriften oder dem persönlichen Gespräch vorbehalten.

Ein Fallbeispiel

Das Herz schlug wie wild, kalter Schweiß klebte auf ihrer Stirn, im Unterleib schien etwas Grausames an ihr zu zerren. Susanne lag hellwach in ihrem Bett, es war so gegen vier Uhr morgens, und sie überlegte angestrengt, was das wohl alles zu bedeuten hatte. Die Abtreibung und die gleichzeitige Sterilisation vor vierzehn Tagen waren doch erfolgreich verlaufen. Sie hatte anschließend noch zehn Tage in der Privatklinik gelegen, und bei der Entlassung hatte ihr der Doktor lächelnd auf die Schulter geklopft (war das nicht auch ein bißchen anzüglich gewesen?): »Na, Susannchen, von dieser Seite werden Sie in Zukunft keine Probleme mehr haben!« Bei dem Gedanken an die Ausschabung spürte sie wieder diese stählerne Faust im Magen, Übelkeit schlich in ihr hoch. Um die Krämpfe im Oberbauch erträglicher zu machen, wollte sie sich zusammenkrümmen, dann aber riß und drückte es wieder vermehrt im Unterleib. Wie überaus glücklich war sie doch noch vor drei Monaten gewesen, als sie die ersten Veränderungen einer neuen Schwangerschaft an sich bemerkt hatte. Diesmal wollte sie die neun Monate in vollen Zügen genießen! Als sie das erste Mal, noch ledig, schwanger war, mußte sie sich vor der Öffentlichkeit versteckt halten. Nach der Hochzeit und Geburt des Sohnes hatte sie weiterzuarbeiten, das Kind wuchs bei den Eltern auf, ihren Mann durfte sie nur jeden Sonntag für ein oder zwei Stunden im elterlichen Wohnzimmer sehen, nicht mal Händchen-

halten war erlaubt. Später, bei der zweiten Schwangerschaft, war sie wieder allein, denn ihr Mann genoß sein Studium in vollen Zügen, ihre Eltern hatten sich von ihr losgesagt. Auch bei der Geburt ihres zweiten Sohnes wurde sie weder von ihrem Mann noch von ihren Eltern besucht. Vielleicht würde sie dieses Mal, so hatte sie es sich ausgemalt, Zeit, Ruhe und Geborgenheit für sich und das Kind erfahren.
Peter, ihr Mann, reagierte allerdings sehr heftig, als sie ihm freudestrahlend den erneuten Nachwuchs ankündigte. »Du bist ja total verrückt, nie kann man sich auf dich verlassen, du hättest doch aufpassen können, das ist ja nun das mindeste, was man von einer Frau verlangen kann, das Gör muß weg! Wie, das ist deine Sache!« Später schob Peter dann noch wirtschaftliche Gründe nach. Nachdem man jetzt endlich finanziell aus dem gröbsten heraus sei, könne der lang ersehnte Hausbau – und das Haus sei doch eigentlich Susannes Idee gewesen! – in Angriff genommen werden. Wie immer, so sah auch diesmal Susanne alles ein, sie fügte sich und machte sich auf die Suche nach einem Arzt, der den Eingriff vornehmen würde.
»Gefühlsmäßig wollte ich das Kind austragen, ich genoß jeden Tag meines Frauseins und streichelte meine zunehmenden Rundungen«, erzählte mir Susanne später. »Der Verstand dagegen sagte *nein*, und der Verstand hat ja nun einmal recht! Und so war ich innerlich fast wie zerrissen!«
»Es dauerte lange, bis ich eine Klinik fand, und so konnte ich fast drei Monate das Glück in mir genießen. Ich

tat dies auch deswegen um so intensiver, da Peter zusätzlich auf einer Sterilisierung bestand. (›Zum Aufpassen bist du ja doch zu blöd, wie man sieht!‹) Und damit war ja dann endgültig Schluß mit Kinderkriegen.«
»Ich hatte mich mit der Situation ganz gut arrangiert. Die Abtreibung mußte sein, das war einsehbar, ich hatte ja wenigstens die paar Wochen Schwangerschaft. Nur auf der Fahrt in die Klinik, da bäumte sich noch einmal alles in mir auf, ich hätte aus dem fahrenden Auto springen mögen, weit wegrennen, auf eine einsame Insel, nur um mein Kind zu retten. Aber ich wußte, der Operationssaal war schon vorbereitet, das Bett gerichtet, das konnte ich dem Arzt und der Klinik nicht antun, also riß ich mich zusammen!«
Susanne lag wach in ihrem Bett. Sie hatten in ihrem Haus noch kein Telefon, ihr Mann müßte also ein paar hundert Meter rüber zum Nachbarn eilen, um Hilfe zu holen. Sie traute sich nicht, ihn zu wecken.
Auf einmal spürte sie etwas Warmes, Klebriges zwischen ihren Beinen. Mühsam gelang es ihr, die Nachttischlampe zu erreichen, sie schlug die Bettdecke beiseite. Sie lag in einer Blutlache. Ganz langsam rollte sie sich aus dem Bett und wankte ins Badezimmer. Als sie sich auf das Bidet setzen wollte, verlor sie das Bewußtsein, krachte dabei mit dem Oberkörper gegen den Badewannenrand und blieb auf dem Fußboden liegen. Durch den Lärm wurde Peter wach. Schimpfend und knurrend säuberte er seine Frau notdürftig, überzog das Bett neu und legte sich wieder hin.
Die Schmerzen im Leib hatten ja auch nachgelassen, im

Augenblick ging es Susanne tatsächlich etwas besser – solange sie ganz flach lag. Nur sobald sie den Oberkörper aufrichtete, wurde ihr schwarz vor Augen, also blieb sie regungslos liegen. Gegen Morgen wurde ihr Pulsschlag immer schneller, auch das Atmen war anstrengender, Todesängste kamen auf. Da es Sonntagmorgen war, bestand Peter auf einem ausgedehnten Frühstück, bevor er sich um einen Arzt kümmern wollte: »Man wird ja wohl noch in Ruhe etwas zu sich nehmen dürfen!« Panik machte sich in Susanne breit. Sie wollte noch nicht sterben! Was würde aus ihren beiden Söhnen werden? Die Jahresbilanz ihres Mannes war auch noch nicht fertig, und außer ihr verstand keiner was davon. Gegen elf Uhr ging dann ihr Mann zu den Nachbarn und bestellte einen Krankenwagen. Die Zeit verstrich. Susanne wechselte zwischen Zeiten der Bewußtlosigkeit und einem Dämmerzustand, wo sie alles um sich herum nur noch aus weiter Ferne wahrnehmen konnte. Dabei wurde sie so sehr von Ängsten geschüttelt, daß es fast angenehmer war, in die Nacht der Bewußtlosigkeit zu fallen. Ihre Mutter, die gerade zu Besuch war, traktierte sie mit Schauergeschichten von verbluteten Frauen; sie war keine Hilfe.

Um fünfzehn Uhr waren die Sanitäter endlich da. Sie war inzwischen ganz ruhig, ein wunderbarer Frieden hatte sich in ihr ausgebreitet. Auch, daß ihrer Mutter eine Verabredung mit einer Freundin wichtiger war, als sie zu begleiten, und daß ihr Mann bei dem schlechten Wetter auch lieber zu Hause bleiben wollte, störte sie nicht mehr, sie wollte nur noch schlafen. Nur das völlig

entsetzte Gesicht des Arztes fiel ihr noch auf. »Als ich das sah, da dachte ich, jetzt ist es endgültig aus!«
Susanne überlebte. Sie brauchte allerdings lange, bis sie sich von dem Blutverlust, dem Rippenbruch und der Gleichgültigkeit ihres Mannes zumindest vordergründig erholt hatte. »Von da an war etwas in mir abgestorben, ich war zwar äußerlich lebendig, innerlich aber tot. Ich verrichtete mechanisch alle Hausarbeiten, kümmerte mich um die Jungen und erledigte wie ein Computer den Schreibkram von Peter. Ich schlief auch mit ihm, aber das war irgendwie nicht wahr, so ganz weit weg. Der hätte genausogut mit einer Puppe schlafen können; daß der das überhaupt nicht gemerkt hat?!«
Dieses Geschehen lag sieben Jahre zurück, als Susanne wegen anfallsweisen Schwindelzuständen und Krampfanfällen (Tetaniesyndrom) zu mir in Therapie kam. Zu Recht war sie in heller Aufregung, denn diese Attacken waren auch immer von den ihr bekannten Todesängsten begleitet. Einmal ereilte sie ein solcher Anfall beim Autofahren, und sie fuhr ein den Graben. Später werde ich weiter von Susanne berichten.

Angeboren und anerzogene Ängste

»Es gibt alte Piloten, und es gibt mutige Piloten, aber keine alten mutigen!« heißt ein sinnvoller Spruch in der Fliegerei. Die meisten Abstürze sind auf Mißachtung schlechter Wetterbedingungen und Leichtsinn im Umgang mit dem Fluggerät zurückzuführen. Viele dieser verunglückten Flieger hatten demnach einfach zu wenig Angst!

Uns Menschen ist von Natur aus eine Angst vor Tiefe und eine Angst vor etwas Übergroßem, Mächtigem, Bedrohlichem angeboren. Ein Säugling, auf eine Glasplatte gesetzt, die den Abgrund zwischen zwei Kommoden überbrückt, wird instinktiv versuchen, zurückzukrabbeln. Damit ein König mächtiger erscheint, mehr Angst einflößt, sitzt er auf einem hohen Thron und kleidet sich mit einem weiten Hermelinmantel, der seine Schultern breiter erscheinen läßt.

Angst vor Tiefe und etwas Großem ist für uns Menschen zunächst äußerst nützlich, lebensrettend. Ich werde dadurch gehindert, ohne Not aus dem fünften Stock zu springen oder einen Eisbären zu streicheln. Vielleicht ist auch die geringere Unfallhäufigkeit von Frauen im Straßenverkehr hierauf zurückzuführen. Frauen trauen und erlauben es sich, ihre Angst vor etwas Bedrohlichem eher zuzugeben und richten sich in ihrem Verhalten danach. Untersuchungen haben gezeigt, daß in kritischen Situationen Männer mehr dazu neigen, aufs Gaspedal zu treten nach dem Motto: »Ohren anlegen und durch!« Frauen dagegen tippen in kritischen Momenten schneller auf das Bremspedal nach dem Motto: »Vorsicht ist die Mutter der Porzellankiste!« Sie lassen ihre angeborene Angst vor etwas Lebensbedrohlichem zu und erleiden dadurch weniger Verletzungen. Die natürliche Angst vor Tiefe und Übergroßem möchte ich daher als eine gute Angst bezeichnen. Sie fühlen und wahrnehmen dürfen und dann sein Verhalten danach einrichten zu können, verlängert unser Leben.

Aufgrund einer Verkettung von unglücklichen Umständen – ich war gerade unterwegs zu meinen üblichen Hausbesuchen – erreichten mich meine Arzthelferinnen erst sehr spät: Eine Frau sei zusammengebrochen, und ich solle eiligst dorthin fahren. Als ich endlich bei den Leuten eintraf, war der Krankenwagen schon dort gewesen und hatte die Kollabierte gleich ins Krankenhaus mitgenommen. Am nächsten Vormittag erschien zornentbrannt der Ehemann der Erkrankten in meiner Praxis und brüllte: »Wenn ich Sie gestern erwischt hätte, Doktor, ich hätte Sie zu Brei gemacht!« Er war ein Koloß von Mann, ich sah seine geballten und zitternden Fäuste, ich mußte berechtigt fürchten, daß er mich jetzt noch nachträglich zusammenschlägt. Als ich ihm erläuterte, daß ich gestern zu dieser fraglichen Zeit bei einer Patientenfamilie ohne Telefon zu Besuch war, meinte er auf einmal ganz leise, in einem Nebensatz: »Wissen Sie, ohne meine Frau bin ich doch völlig hilflos, sie macht alles, erledigt alles, ich hab' doch so Angst, etwas falsch zu machen!«

Ein Tier wird sich bei aufkommender Gefahr davontrollen. Treibe ich aber beispielsweise einen Hund in die Ecke und bedrohe ihn weiter, so wird der Hund auf einmal auf mich losgehen. Aus diesen Beispielen können wir ableiten, daß Feindseligkeiten, Aggressionen dann entstehen, wenn wir unsere Gefühle, die sich korrekt gemeldet haben, nicht leben dürfen, wenn wir in Situationen der Ohnmacht geraten! Hätte der Hund seinem Angstgefühl vor etwas Bedrohlichem folgen und sich damit entfernen können, so bräuchte er nicht – aggressiv – auf uns losgehen. In dem Augenblick, als ich mit dem obenerwähnten Ehemann über sein Angstgefühl, Fehler zu machen, reden konnte, schmolz seine ganze Feindseligkeit dahin.

Stellen Sie sich vor, Sie werden von Ihrem Vorgesetzten ungerechtfertigt zusammengestaucht – ganz natürlich und zu Recht spüren Sie ein Gefühl der Wut in sich aufsteigen. Da Sie aber um Ihren Arbeitsplatz fürchten, trauen Sie sich nicht, Ihrem Zorn Luft zu machen. Eine ungeheure Anspannung baut sich in Ihnen auf, und, nachdem Sie wieder an Ihrem Arbeitsplatz sind, schleudern Sie das nächste Werkzeug in die Ecke oder schnauzen Ihren völlig unschuldigen Untergebenen an. Sie kennen vielleicht auch die Redensart: »Zu Hause hat er nichts zu sagen (das heißt, er muß alle Kränkungen einstecken), daher spielt er sich hier so auf, schreit er hier so rum!«

Diese Angst, Gefühle wahrnehmen und nicht danach le-

ben zu können, betrachte ich als eine künstliche Angst. Sie wird von Menschen verursacht, wird uns von unserer frühesten Kindheit an schmerzlichst beigebracht.
Ein kleines Kind versucht, angestrengt und geduldig Limonade aus einer Flasche in sein Glas zu gießen. Die Mutter sieht das, eilt sofort herbei, nimmt ihrem Töchterchen die Flasche aus der Hand und füllt das Glas. Das Töchterchen heult – ganz richtig – vor Wut auf wie eine Sirene, denn die Mutter, die es im Grunde gut meinte, hat ihr unabsichtlich wieder gezeigt: »Du bist zu dumm dafür!« Durch das Geschrei wird die Mutter ärgerlich: »Ab mit dir in dein Zimmer, so ein ungezogenes Gör will ich hier nicht sehen; wenn du wieder lieb bist, kannst du wiederkommen.« Nehmen wir an, das kleine Mädchen ist noch nicht zu sehr eingeschüchtert, so wird es mit Wachsmalkreiden hübsche Bilder an die frisch geweißten Wände malen. Sie durfte ihr Gefühl der Wut nicht leben, also muß die dadurch entstandene Anspannung in Form von Aggression heraus. (Sie weiß ganz gut, daß sie mit dem Wändebemalen ihre Eltern hart treffen kann.) In dem Mädchen wurden also zwei Ängste entwickelt: einmal die Angst vor Fehlern, Fehler machen zu dürfen, also die Limonade verschütten zu dürfen, und die Angst, Wut zu äußern, Zorn herauslassen zu dürfen.
Eines Samstagmorgens – ich hatte meine Praxis noch nicht lange – kam ein unbekannter Mann mittleren Alters in die Sprechstunde. Er wolle mich gar nicht groß belästigen, er bräuchte nur eine Sportsalbe. Am linken Ellenbogen seien so eigenartige Schmerzen aufgetreten;

da er Zimmermann sei, hätte er seinen Arm vielleicht etwas überstrapaziert.
Wie in jedem anderen Beruf auch, so ist ein guter Riecher in der Medizin unentbehrlich. »Schmerzen linker Arm«, ging es mir durch den Kopf, »mach mal lieber ein EKG!« Und siehe da, es stellte sich ein taufrischer Herzinfarkt heraus. Ich fragte den mir bis dahin Unbekannten, ob er heute nacht nicht Schmerzen in der Herzgegend verspürt hätte. »Nein, nicht im geringsten«, war seine gleichgültige Antwort. Ich fragte noch einmal: »Das muß doch heute nacht unter dem Brustbein gedrückt haben, vielleicht so ein Engegefühl zum Hals hinauf?« – »Na ja, wenn Sie das so beschreiben, da war schon so ein Druck im Brustkorb, aber völlig belanglos! Kann ich jetzt wieder nach Hause? Beim Nachbarn ziehen wir gerade einen Dachstock hoch, ich werde da gebraucht!« Ich hatte die größte Mühe, ihn davon zu überzeugen, daß er auf der Stelle in die Klinik müsse, sein Zustand sei recht bedrohlich. Vom Krankenwagen wollte er schon gar nichts wissen, sein Sohn warte draußen im Auto, der könne ihn ja schnell in die Klinik fahren. Später war von diesem Mann zu erfahren, daß er von Kindesbeinen an immer von früh bis spät zu Hause mithelfen mußte. Mal müde oder schwach sein dürfen, sich eingestehen, nicht mehr zu können – daran war überhaupt nicht zu denken. Zum anderen hatte er in seiner Jugend nie einen Arzt gesehen. Tat er sich einmal weh, so hieß es nur: »Du lebst noch, also weiter, unnütze Mäuler werden hier nicht durchgefüttert!«
Diesem Mann wurde von Anbeginn vermittelt: Wenn du

Gefühle wie Müdigkeit, Schwäche, Schmerzen zeigst und dich danach richtest, so fliegst du aus unserer Familie raus, kriegst nichts mehr zu essen. Für ein Kind, bei seiner großen Gabe zur Phantasie und noch mangelnden Realitätsprüfung, bedeutet dies nichts weniger als eine Todesandrohung. Als Unterlegener – es will ja überleben – wird es gut daran tun, sich zu fügen, seine Gefühle zu unterdrücken. Die hierdurch entstandenen Aggressionen durfte dieser Mann auch nicht herauslassen: »Ich hatte es einmal gewagt, mit dem Fuß wütend aufzustampfen, da bekam ich von meinem Vater so eine gelangt, daß ich in hohem Bogen in einen Brennesselstrauch flog, das reichte dann wohl!«

Immer wieder bekomme ich von Patienten zu hören: »Aus geringstem Anlaß wurde ich grün und blau geschlagen. Wenn ich dann vor Schmerzen schrie, so wurde mein Vater nur noch wütender und schlug noch heftiger auf mich ein, bis ich ruhig war. Zuletzt habe ich mir einen richtigen Sport daraus gemacht, keinen Laut von mir zu geben. Mit meinem Schweigen habe ich ihn richtig bestraft. Ich habe ihm damit gezeigt, daß er mir nichts anhaben kann. Es gab da ja auch so Indianerbücher, wo die jungen Burschen sich Schnittwunden zufügten und dabei keinen Pieps von sich geben durften. Diese Geschichten waren für mich ein gutes Vorbild!«

Nachdem ich in Patienten-Familien immer wieder beobachten konnte, daß die nichterkrankten Familienmitglieder diejenigen waren, die ungehemmt ihre Aggressionen herauslassen konnten, während von dem Erkrankten nur wenig bis gar nichts Wütendes zu hören war – diese also ihre anerzogenen Ängste sich nicht zu überwinden trauten –, kam ich zu der Überzeugung, daß hier ein Schlüssel zum Verständnis der Krankheitsentstehung liegen müsse: Kann ich – durch Gefühlsblockade entstandene – Aggressionen nicht herauslassen, habe ich *Angst,* in mir entstandene Spannungen nach außen zu lassen, so kann das im Lauf der Zeit krank machen. Wir alle haben eine Jugendzeit hinter uns, in der uns – dem einen mehr, dem anderen weniger – beigebracht wurde, dieses oder jenes Gefühl nicht zuzulassen, sich nicht danach zu richten. Somit sind in uns allen Aggressionen aufgebaut worden.

Hat nun ein Mensch in einem Familienverband Angst, diese in ihm wohnenden Feindseligkeiten herauszulassen *und* muß er noch zusätzlich die Bösartigkeiten der anderen kommentarlos einstecken, so kann er sich eines Tages nur noch in eine *Krankheit retten,* um sich diesem permanenten Schlagabtausch zu entziehen.

Erfolgreiche Familientherapien bestätigen mir die Richtigkeit dieses Gedankens. Gelingt es mir im Rahmen der Familien-Psychotherapie, die Gesunden dafür zu gewinnen, ihre Formen der Aggressionen zu unterlassen, und gibt sich der Erkrankte, der Index-Patient, die Erlaubnis: »Jetzt darf ich endlich einmal sagen, wo mich der Schuh drückt!«, so bilden sich auf einmal viele Erkrankungen zurück.

Sie erinnern sich an Susanne? Die Frau, die nach einer Schwangerschaftsunterbrechung fast verblutet wäre und später Krampfanfälle bekam. Susanne hatte in ihrem Elternhaus nicht gelernt, sich wehren zu dürfen. Wenn

überhaupt, so bekam sie nur dann Anerkennung, wurde ihr einmal über das Haar gestreichelt, wenn sie sich nützlich gemacht hatte.
Kränkungen und Beschimpfungen hatte sie klaglos zu ertragen. Folgerichtig heiratete sie einen Mann, der dieses Konzept weiterführte, sie hatte ja die Welt nie anders erfahren. Mit anderen Worten: Über den Mechanismus des Sich-Verliebens reinszenierte sie sich in ihrem Erwachsenenleben ihr Elternhaus. In dem Augenblick, in dem sie sich, ermutigt durch die Therapie, ein Herz faßte und begann, die Angriffe ihres Mannes zurückzuweisen, wurden die Tetanieanfälle seltener!
Trotzdem war das eine schlimme Zeit für Susanne. Denn jedesmal wenn sie ihren Mann auf seine Aggressivität ihr gegenüber hingewiesen hatte, versuchte er, sie erst einmal lächerlich zu machen. »Du Sensibelchen, das war doch gar nicht so tierisch ernst gemeint, wie kann man nur alles so auf die Goldwaage legen!« Gewissensbisse plagten Susanne: »Hat mein Mann nicht doch recht? Fange ich jetzt an zu spinnen? Bin ich wirklich neurotisch? Habe ich überhaupt die Berechtigung, mich zu wehren? Wirft er mich am Ende aus dem Haus?« Immer wieder mußte ich ihr Mut machen, daß es ihr gutes Recht, ja ihre Pflicht sei, für ihren Organismus, ihr Leben Sorge zu tragen. Einmal entfuhr es mir: »Wenn jemand seine Zigarette auf Ihrem Handrücken ausdrückt, dann sagen Sie doch auch Aua!?« – »Vielleicht«, gab sie damals zögernd zurück!

Ich möchte aber auch gleich hier an dieser Stelle Mißverständnissen vorbeugen. Es ist nicht Ziel der Therapie, dem Erkrankten, dem Index-Patienten, Mut zu machen und ihn zu befähigen, nun seine Form der Aggressionen ungehemmt herauszulassen, also »zurückzuschießen«. Ein solches Ziel wäre sehr zweifelhaft, denn entweder entwickelt der bisher Gesunde nun seine Krankheiten, oder aber die Partnerschaft geht auseinander. Beides habe ich mit Patienten erlebt. Zur Illustration die folgenden Erlebnisse:
Zu einer Zeit, als ich noch Einzeltherapien durchführte, begegnete ich Doris. Sie hatte viel Ähnlichkeit mit Susanne. Keine Arbeit war ihr zuviel, jede nur greifbare Verantwortung lud sie auf sich, sie konnte einfach nicht nein sagen. Doris litt seit Jahren unter Schulter-Nacken-Schmerzen, Kopfschmerzen, Schwindel, Müdigkeit. Sie hatte bereits einige Ärzte aufgesucht, keiner konnte ihre Beschwerden anhaltend lindern. »Ich kann das Wort Massage schon nicht mehr hören, und diese ewige Spritzerei mache ich nicht mehr mit!« Als sie begann, ermutigt durch die Therapie, zu Hause dies und jenes liegenzulassen, dem Ehemann morgens beispielsweise nicht mehr die mit Zahnpasta bereits bestrichene Bürste zu reichen, entwickelte dieser prompt ein Zwölffingerdarmgeschwür! Ich bezog ihn darauf in die Therapie mit ein, und beide sind heute seit fünf Jahren gesund.
Eva war an einem Karzinom des Gebärmuttermundes erkrankt. Da die Erkrankung rechtzeitig entdeckt wurde, hatten sich noch keine Metastasen entwickelt, die Operation war einfach, die Heilungschancen gut. Bereits

vor dieser Erkrankung hatte ich Eva mehrfach darauf aufmerksam gemacht, daß ihr im Grunde nur eine Familientherapie helfen könne (wegen der verschiedensten nervösen Beschwerden hatte sie immer wieder meine Sprechstunde aufgesucht, und wie zu erwarten konnte kein Medikament helfen).

Jetzt, nach dem Verlust ihrer Gebärmutter, suchte sie meine psychologische Hilfe: »Ich glaube, mein Krebs hat irgend etwas mit meinem Partner zu tun. Durch das Miteinanderschlafen habe ich versucht, ihn zu halten, aber das hat natürlich nicht geklappt. Also weg mit dem Organ, das es nicht gebracht hat!« (Es ist mir wichtig, zu betonen, daß dieser Satz spontan, gleich zu Beginn der Therapie, von Eva kam und nicht von mir vorgegeben wurde. In dem Kapitel »Über das Sinnvolle vieler Erkrankungen« werde ich ausführlicher auf den Symbolgehalt von Krankheiten eingehen). Mangels Erfahrung gelang es mir damals noch nicht, ihren Partner zu gewinnen, ihm schonungsvoll beizubringen, daß er für die Befindlichkeit von Eva ebenfalls Verantwortung trägt. Die Begriffe »Verantwortung« oder »Mitbeteiligt-, Eingebundensein« waren für ihn ein Greuel. Nun, Eva lernte, seine Boshaftigkeiten zurückzugeben. Wie man so sagt: Sie blieb ihm keine Antwort schuldig und begann, sich zu wehren. »Der kriegt mich nicht mehr unter!« ist inzwischen ihre Devise, und da er es bis jetzt weiter abgelehnt hat, in Therapie zu gehen und dabei zu lernen, mehr Gefühle zuzulassen, hat sie ihn inzwischen aus dem Haus geworfen.

»Gut«, meinte sie letzthin, »ich fühle mich jetzt, zwei

Jahre nach der Therapie, kerngesund, alle Ergebnisse der Nachuntersuchungen sind auch bestens, aber ich habe inzwischen doch eingesehen, daß das mit meiner Aggressivität noch nicht das Gelbe vom Ei ist. Ich kann mich ja jetzt wehren, aber da schütte ich wohl das Kind mit dem Bade aus, ich glaube, ich brauche noch mal ein paar Stunden bei Ihnen.«

Ziel der Therapie muß es also sein, sowohl den Erkrankten als auch seinen Partner sowie seine Angehörigen zu befähigen, bisher unterdrückte Gefühle zuzulassen. Denn dann sind für alle Beteiligten Aggressionen nicht mehr notwendig. Susanne zum Beispiel kann inzwischen das Gefühl der Wut zulassen. Sie kann über ihren seelischen Schmerz reden, wenn es sein muß, ihn sogar herausschreien. Ohne auf Peter losgehen zu müssen – dies wäre ja Aggression – kann sie inzwischen, wenn er ihr wieder einmal weh getan hat, ihre Betroffenheit kundtun. »Wie ist das schön, daß ich jetzt so spontan reagieren kann, ich brauche dann überhaupt nicht mehr nachtragend zu sein! Früher, als ich noch alles schluckte, habe ich mich über Tage innerlich immer mehr in die Depression hineingeredet, was habe ich da nur für Zeit vergeudet!« (Siehe auch das Buch von Verena Kast: »Vom Sinn des Ärgers).

Gefühle sind also für das Wohlbefinden des Menschen notwendig. Nur, was können wir alles unter dem Begriff »Gefühl« verstehen? Was ist letztendlich ihre genaue Funktion?

Sinne, Empfindungen, Gefühle können wir als innere

Innere Meßfühler/Sensoren

Sinne →	**Empfindungen** →	**Gefühle**	
Auge	Durst	Angst	
Ohr	Hunger	Wut/Zorn	Geborgenheit
Tastsinn	Müdigkeit	Trauer	Freude
Geschmack	Sexualität		
Geruch		Einsamkeit	
		Schwäche	Liebe
		Fehler	Hoffnung

Meßfühler, innere Sensoren verstehen. Sie sollen uns, damit wir überhaupt überleben können, ununterbrochen Auskunft über unsere Befindlichkeit geben.

Die Unterteilung in Sinne – Empfindungen – Gefühle geschieht aus folgender Erkenntnis heraus: Im Bereich der Sinne (Auge, Ohr, Tastsinn, Geschmack, Geruch) können wir Menschen wenig ändern. Hier ist die Möglichkeit, durch Lernen zu verändern, am geringsten. Heiß bleibt heiß. Eine Wäscherin kann vielleicht in ein ein oder zwei Grad heißeres Wasserbad fassen als ein Büroangestellter, aber dann ist die Breite der Veränderung auch schon erschöpft. Im Bereich der Empfindungen (Durst, Hunger, Müdigkeit, Sexualität) sind bereits größere Spielräume gegeben. Wir können drei Tage dursten, dreißig Tage hungern, der Weltrekord im Wachbleiben liegt bei zwölf Tagen, der eine »tut es« dreimal wöchentlich, der andere »braucht es« nur alle vier Wochen.

Bei den Gefühlen können wir über die Erziehung die größten Veränderungen erzielen. Denn ob ich über etwas und ob ich überhaupt wütend werden darf, dies hängt ausschließlich davon ab, wie ich dies in meinem Elternhaus erfahren habe. Auf einer Gesellschaft hörte ich letzthin eine Arztehefrau sagen: »Zu meinem Mann würde ich als Patient doch nie gehen, der hat doch keine Ahnung!« Hilflos lächelnd stand er daneben und sagte nichts. Mir war bekannt, daß der Betreffende seine Jugendzeit nur als nützlicher Idiot erfahren hatte. Hatte er es einmal gewagt, Wut anzudeuten, so hagelte es Prügel, und er mußte ohne Abendbrot ins Bett.
Gefühle sind eine alte Erfindung der Natur und somit angeboren: Ein Pferd scheut vor Feuer, ein Hund bellt wütend, wenn ein anderer in sein Revier eindringt. Die Katze schnurrt vor Geborgenheit hinter dem Ofen. Unser französischer Hirtenhund schluchzte steinerweichend, wenn wir uns zu wenig um ihn kümmerten. Er freute sich aber auch in Riesensätzen, wenn es zum Spaziergang losging. Die Gefühle, die bereits bei Säugetieren zu registrieren sind, habe ich daher in der Abbildung oberhalb der gestrichelten Linie dargestellt.
Unter der gestrichelten Linie habe ich nun die Gefühle notiert, die ich persönlich für spezifisch menschliche, da anerzogen, halte. Um dies zu erläutern, ist es notwendig, etwas weiter auszuholen. Ich werde deshalb im folgenden auf die einzelnen Gefühle, ihre Bedeutung und Entstehung näher eingehen.
Die Natur, Gott, schenkte uns Menschen das Bewußtsein. Eine Fähigkeit, die es jedem einzelnen ermöglicht,

sich als ein Einzelwesen, getrennt von den übrigen Dingen der Schöpfung, wahrzunehmen. Der Vorteil dieser Gabe ist darin zu sehen, daß der Mensch sich von den zwangsläufig abspielenden Naturgesetzmäßigkeiten zu distanzieren vermag. Er kann als einzelner die Menschengruppe verlassen, eigene Wege gehen. Der große Nachteil liegt in dem dran gekoppelten Gefühl der Einsamkeit. Indem ich mich als einen von der Gruppe Getrennten erlebe, wird mir aber auch meine unendliche Einsamkeit bewußt. Eine Einsamkeit, die auf Dauer von dem einzelnen kaum auszuhalten ist. Wohl nicht umsonst bestehen die meisten Strafen, die wir Menschen uns antun können, aus Einsamkeitsandrohungen wie »in die Ecke stellen«, Isolationsfolter und ähnliches. H. E. Richter formulierte einmal sinngemäß sehr treffend, daß wohl die vornehmste Aufgabe des Menschen sei, lebenslang darum bemüht zu sein, dieses Gefühl der Einsamkeit zu mildern.

Die Folgen von übergroßer Einsamkeit sind heute hinlänglich bekannt. R. Spitz fand heraus, daß Säuglinge, die bei ihren Müttern im Gefängnis aufwachsen durften, weit gesünder waren, weniger häufig starben, als Findelkinder in einem bestens (was die Hygiene und die Ernährung anbelangt) geführten Waisenhaus. Hier war eine Schwester für zehn Kinder zuständig. Die Statistiken amerikanischer Lebensversicherungsgesellschaften weisen aus, daß alleinstehende Menschen, unverheiratete oder verwitwete, weit eher krank werden und früher sterben als Menschen in einer Paarbeziehung. Bei Kindern, die bei einem Krankenhausaufenthalt einen

Elternteil bei sich haben dürfen, verkürzt sich die Genesungszeit um ein Drittel.
Während meiner Studentenzeit, am Morgen nach einer Nachtwache, brachte eine schwerstverletzte Patientin mühsam flüsternd hervor: »Wenn Sie nicht all die Stunden zuverlässig und so besorgt um mich herum gewesen wären, ich glaube, ich hätte es nicht geschafft!«
Das Gefühl der Einsamkeit soll uns also anregen, Mitmenschen aufzusuchen, das Gespräch zu suchen, es zu pflegen, sich mit anderen auszutauschen. In solchen Momenten einer gelungenen, harmonischen Kommunikation können wir für kurze Zeit die Tatsache und das Gefühl unserer Einsamkeit überwinden. Anschließend werden wir immer wieder aufs neue von der Isolation eingeholt. Diese gilt es auszuhalten! Ich werde zur Klette für andere, wenn ich nicht in der Lage bin, Einsamkeit über einen gewissen Zeitraum zu ertragen.
Erwachsene, die in ihrer Jugend Geborgenheit und Nähe ausreichend erfahren haben *und* die einen Bezug zu einer Religion pflegen, kommen mühelos mit dem für uns Menschen unabwendbaren Schicksal der Einsamkeit zurecht. Dagegen kann ich bei anderen, die ausschließlich hier in dieser Welt verhaftet sind und keinen Bezug zur Transzendenz haben, immer wieder übergroße Ängste, insbesondere auch große Furcht vor dem Tod feststellen. Pointiert ausgedrückt: »Nur wer sterben kann, ist in der Lage, angstarm zu leben.«
Neueste amerikanische Untersuchungen zeigen auf, daß religiöse Menschen weit weniger krank werden und länger leben als Atheisten. Dies gilt aber nur für die Reli-

giösen, die einen gütigen Gott im Sinn haben. Wer von einem strafenden Schöpfer geleitet wird, hat noch schlechtere Lebensergebnisse als ein Atheist. Außerdem kann ich bei solchen Patienten, die mit dem Thema Religion nichts anzufangen wissen, immer wieder erleben, daß diese die abenteuerlichsten Dinge mit sich machen lassen, nur weil in ihnen eine mörderische Angst vor Einsamkeit steckt. Dazu zwei Beispiele:
Klaus trank, schlug sie, brachte kaum Geld nach Hause, hatte Freundinnen, sie wehrte sich nicht. Auf meine Frage, ob sie ihn nicht mal zur Rede stellen, ihm verständlich machen wolle, wie sehr sie dies alles schmerzt, gab sie mit Panik im Gesicht zurück: »Dann haut er ab. Damit droht er ja immer wieder, und er ist ja auch schon tagelang weggeblieben, das halte ich einfach nicht aus. Wenn er nur wieder da ist, dann verzeihe ich ihm alles.«
Diese Patientin, an einem chronischen Blutkrebs (Leukämie) erkrankt, mußte sich in einer Therapiestunde eingestehen: »Nehmen wir an, mein Mann müßte aus eigener Tasche die für mich jetzt notwendigen, sehr teuren Medikamente bezahlen, ich bin ganz sicher, das würde er nicht machen, das wäre ihm zu aufwendig. An seiner Seite könnte ich wohl sang- und klanglos verrecken!«
Diese, ein Menschenleben beherrschende, übergroße Angst vor Einsamkeit finde ich immer wieder bei Leuten, die in ihrer Jugend einen schwerwiegenden Verlust erlebt hatten: Peter arbeitete in einer fernen Stadt, nur zum Wochenende konnte er nach Hause kommen. Das Alleinsein machte seiner Frau zu schaffen. So war es nur

konsequent, daß sie sich einen Freund zulegte. »Das war mal Himmel, mal Hölle. Er konnte, wenn er wollte, so lieb sein, und dann stieß er mich wieder in den Dreck. Es war Nikolaus, ich wollte ihm eine kleine Freude machen und bastelte ein Geschenk. Am Nachmittag rief ich ihn an und fragte ihn, wo wir uns kurz treffen könnten. Der Nikolaus habe eben bei mir was für ihn abgegeben. Um achtzehn Uhr bei jener Telefonzelle, machten wir aus. Es war ein scheußlicher Wintertag. Der Wind pfiff durch die Straßen, vermengt mit Schneeregen. Und einsam war die Gegend auch. Ich wartete und wartete. Es war achtzehn Uhr, es wurde halb sieben, zehn vor sieben kam er wütend angerannt: »Gib den Mist schon her, du hast mich wieder aus einer wichtigen Sitzung herausgerufen!«, und weg war er. Sie erwähnte ihre Kränkung und Enttäuschung mit keinem Wort.
Als ich einmal ganz allgemein fragte, was ihr zu ihrer Jugendzeit einfallen würde, gab sie spontan zurück: »Angst und noch einmal Angst! Angst, es dem Vater nicht recht genug zu machen, und Angst, der Mutter zu wenig nützlich zu sein. Nur an meine Großmutter habe ich eine warme Erinnerung, aber die starb, als ich vier Jahre alt war!«
Diese Frau hatte infolge des Verlustes ihrer Großmutter – danach hatte sich niemand mehr aus der Familie liebevoll um sie gekümmert – eine nicht überwindbare Angst vor Einsamkeit, zudem war ihr das Gefühl für Wut, Zorn, Ärger auch nicht zugänglich. »Ich mußte halt alles über mich ergehen lassen, aus allem das Beste machen, ein Aufbegehren war undenkbar. Ich erinnere

mich zum Beispiel an folgende Begebenheit: Ich war elf Jahre alt, und Mutter schickte mich mit unserem Ziegenbock quer durch das ganze Dorf zu Bekannten, deren Ziege sollte gedeckt werden. Das weiß ich heute, damals hatte ich nur so eine dumpfe Ahnung, was der Bock mit der Ziege zu tun hatte, aufgeklärt wurde ich ja nie. Ich kam also mit dem Biest an unserer Schule vorbei, es war gerade Pause. Die Kinder hatten wohl begriffen, welches Vergnügen meinem Bock bevorstand, sie rissen Witze über uns beide, das Gegröle der Dorfjugend war grauenhaft. Noch heute, wenn ich an dieser Stelle vorbeikomme, erfaßt mich eine Todesangst, das Herz will mir stehenbleiben!«

Unerfahren, wie ich damals bei diesem Gespräch noch war, wollte ich wissen, ob sie nicht hinterher von ihren Eltern getröstet worden sei. Verständnislos schaute mich diese Frau an und meinte: »Das habe ich doch zu Hause gar nicht erzählt, da wäre ich nur noch einmal ausgelacht worden!«

Heute, nach erfolgreich abgeschlossener Therapie, weiß sich diese Frau zu wehren, sie kann, wenn ihr jemand seelisch weh tut, wütend werden, und sie versteht es, Alleinsein über Strecken zu ertragen und solche Zeiten mit eigenen Zielen zu erfüllen.

Wir Menschen sind regelrechte Tausendsassas, die Natur hat es so gewollt. Wir können uns als Spezialisten im Nichtspezialisiertsein verstehen. Es gibt kein Lebewesen auf der Erde, das so viele Möglichkeiten, so unterschiedliche Fähigkeiten in sich vereinigt wie der Mensch. Tiere sind dagegen eher auf eine Spezialisierung festgelegt:

die Giraffe auf einen langen Hals, der Gepard auf ein hohes Tempo beim Jagen. Unsere Fähigkeiten zur Vielseitigkeit birgt allerdings auch einen Nachteil in sich. Keine unserer verschiedenen Möglichkeiten ist so weit ausgeprägt, daß sie es uns erlauben würde, als einzelner überleben zu können. Wir sind – als einzelne – schwache Geschöpfe. Dies soll uns das Gefühl für Schwäche rechtzeitig vermitteln. Über dieses Gefühl werden wir motiviert, mitmenschliche Hilfe zu suchen.
Wir sind schwache, unvollkommene Wesen. Das Gefühl der Liebe soll diese Tatsache verklären, es uns ermöglichen, dennoch einander zu akzeptieren, sich aufeinander verlassen zu können. Obwohl es Hunderte von Büchern über die Liebe gibt, stelle ich bei meinen Patienten immer wieder die größten Mißverständnisse in diesem Bereich fest. Erlauben Sie mir daher, in aller Kürze ein paar notwendige Gedanken hierüber.
Liebe läßt sich von Verliebtsein abgrenzen. Tritt ein gegengeschlechtlicher Mensch in meinen Gesichtskreis, und ich spüre dieses aufregende Herzklopfen, den leichten Kloß im Hals, die weichen, zitternden Knie, so sprechen wir von Verliebtsein. Dies ist ein Zustand, der mich, ohne mein Zutun, aus heiterem Himmel überfällt. »To fall in love«, sagen die Engländer zu Recht. Jedoch, ich kann nur warnen: Nur allzuoft führt eine Beziehung, die sich aus dem Verliebtsein ableitet, die nur hierdurch zustande gekommen ist, ins Chaos, wird zur Tragödie. Wie und warum, darüber werde ich im Kapitel über die symmetrische Eskalation näher eingehen.
Das Gefühl der Liebe dagegen fällt einem nicht uner-

wartet in den Schoß, man kann es auch einem anderen Menschen nicht aufdrängen. Liebe baut sich in einem Menschen dann auf, wenn man sich anhaltend und zuverlässig um ihn kümmert, sich für ihn engagiert. Wenn man versucht, ihn wahrzunehmen, sich Mühe gibt, seine Gefühle und Gedanken zu verstehen und mit ihm über das spricht, was man glaubt, von ihm erraten zu haben. Wenn man den anderen aber auch durch das eigene Fenster blicken läßt, durch das man in die Welt schaut, ihm offen und ehrlich die eigenen Lebensbewältigungsstrategien zeigt, ihm aber die Wahl läßt, was er von diesen Möglichkeiten übernehmen möchte und was nicht. Wenn man für ihn da ist und ihm doch seine eigene Welt läßt! Über Zeit und Geduld, gemeinsames Handeln und Sichaustauschen, über harte Arbeit miteinander baut sich langsam das Gefühl der Liebe auf. Hierbei ist es dann nicht mehr so wichtig, ob sie blond und schlank oder er ein sportlicher Typ ist.

In unserer Kultur wurden wir leider zu sehr dazu erzogen, auf das äußere Bild zu achten, weniger auf die Dynamik, die Lebensmethode eines Menschen. Ich glaube, die wenigsten von Ihnen würden ein Auto nur nach der Form der Karosserie kaufen, sondern sie interessieren sich dafür, was für eine Dynamik der Wagen auf der Straße entwickelt, welche Beziehung die Sitze zu Ihrer Wirbelsäule aufnehmen, ob das Auto viel oder wenig Sprit braucht. Im letzten Kapitel werde ich noch einmal auf die Gefühle von Schwäche und Liebe, die einen wichtigen Teil meiner Therapie ausmachen, zurückkommen.

Im Gegensatz zu den Tieren hat uns die Natur weniger Instinkte mit auf den Weg gegeben. Während ein Tier in den meisten für sein Leben vorgesehenen Situationen instinktiv weiß, was es zu tun und zu lassen hat, fehlt uns diese Sicherheit. Wir sind dazu »verdammt«, Fehler zu machen. Wir sind gezwungen, uns immer wieder in Situationen hineinzubegeben, wo es keine innere Anleitung (Instinkte), keine äußeren Richtungsmarken gibt. Nur ein Gefühl für Fehler, falsche Entscheidungen, kann uns warnen, »hier liegst du falsch«. Dieses Gefühl, als Ersatz für die verlorengegangenen Instinkte, soll uns wiederum motivieren, mitmenschlichen Rat einzuholen und die Betrachtungsweise der anderen zu erfragen.

Über Versuch und Irrtum ist der einzelne im Verlauf seines Lebens dazu angehalten, zu lernen und damit die Fehlerrate allmählich zu verringern. Gestatte ich es einem Menschen, Fehler zu machen, unglückliche Entscheidungen zu treffen, auch mal auf dem falschen Bein hurra zu rufen, so wird er nicht entmutigt und kann weiter auf seinem Weg experimentieren. Gebe ich einem Menschen zusätzlich zu verstehen, daß ich an seine Fähigkeiten, an die Möglichkeiten in ihm glaube, daß er es schaffen wird, daß ich seine spezielle Botschaft für mein Leben nötig habe, so wird das Gefühl der Hoffnung in ihm entstehen und aufrechterhalten werden können. Er wird so den Mut entwickeln, trotz häufigen Scheiterns weiterzugehen, neugierig zu sein, Neues erfahren zu wollen, solange es ihm seine Lebensspanne erlaubt.

Wir Menschen haben die Gefühle der Liebe und der Hoffnung in uns, sie sind uns von Geburt an mitgegeben. Aber sie sind nur allzu leicht über Erziehung zu unterdrücken, hierüber mehr im folgenden Kapitel.

Vielleicht ist Ihnen aufgefallen, daß ich in der Abbildung 1 auf Seite 31 in der Rubrik der Gefühle links diejenigen aufgeführt habe, die uns signalisieren sollen: »Aus dieser Zone mußt du raus, die ist nicht bekömmlich!« (Wut, Trauer, Schwäche, Fehler). Rechts sind die Gefühle angeordnet, die uns zum Verbleiben auffordern (Geborgenheit, Freude Liebe, Hoffnung).

Die Natur arbeitet stets mit Gegensatzpaaren: Hoch – tief, laut – leise, heiß – kalt, Mann – Frau. Die hierdurch erzeugte Spannung macht das Leben aus. So erlebe ich auch hier die Gegensatzpaare: Schwäche – Liebe, Versagen – Hoffnung als Extrempole, zwischen denen es gilt, sich hin und her zu bewegen.

Die fernöstlichen Weisen haben bereits vor dreitausend Jahren festgestellt, daß wir Menschen, wenn wir ein Prinzip, eine Idee, einen Wunsch zu intensiv verfolgen, meistens genau das Gegenteil erreichen. Kümmere ich mich also zu sehr um meine Mitmenschen, opfere ich mich für diese auf und vernachlässige damit meine eigenen Kraftquellen, so ist die Gefahr groß, eines Tages in die Knie gehen zu müssen, zusammenzubrechen, vor Schwäche nicht mehr zu können. Gebe ich mich zu sehr der Schwäche hin und aktiviere damit die Zuneigung der anderen, mir zu helfen, ist die Gefahr groß, daß diese sich eines Tages zu Recht überfordert fühlen und ihre Zuwendung mir gegenüber einstellen.

In unserer Gesellschaft gibt es viele Menschen, die die Idee der Hoffnung überstrapazieren. Sie denken nur an

morgen und übermorgen, das heißt, sie arbeiten wie wild, um morgen dieses zu erreichen und dann anschließend auf das nächste Ziel zuzusteuern. Einmal versäumen sie dabei das Hier und Heute, sie genießen kaum das Jetzt im Leben und laufen dabei Gefahr, eines Tages in Hoffnungslosigkeit zusammenzubrechen, wenn sich all die ersehnten Dinge nicht einstellen. Überstrapaziert man das Prinzip des Versagens, ist es einem gleichgültig, ununterbrochen Fehler zu machen, so kann einen dies sogar das Leben kosten. Vor nicht allzu langer Zeit stürzte einer meiner Segelfliegerkameraden tödlich ab. Immer wieder war er bereits vorher von Clubkameraden auf eine Reihe fliegerischer Fehler aufmerksam gemacht worden, er ließ sich leider nichts sagen. Genau diese angesprochenen Fehler wurden ihm zum Verhängnis.
Es ist mir wichtig, noch einmal zu wiederholen, daß wir Sinne, Empfindungen und Gefühle als innere Sensoren, als Meßfühler verstehen können. Sie sollen uns kontinuierlich etwas über unsere Befindlichkeit mitteilen und uns damit nahelegen, unser augenblickliches Erleben und Verhalten beizubehalten oder etwas in unserem Leben zu ändern. Der Mensch, der zu jeder Zeit, an jedem Ort, unter allen Bedingungen freien Zugang zu seinen Gefühlen habe, sei als gesund und selbstsicher anzusehen, schreibt A. Miller sinngemäß.
Im Rahmen meiner hier vorgestellten Familien-Psychotherapie versuche ich, die Menschen hierzu wieder zu befähigen. Mit voller Absicht schreibe ich »wieder zu befähigen«, denn als Säugling hatten wir ja noch zu dem ganzen Repertoire unserer Meßfühler freien Zugang,

dieses wurde uns nur, dem einen mehr, dem anderen weniger, verbaut, mittels Angst verbarrikadiert. Ein Junge heult nicht, wenn er sich die Knie aufschlägt: »Ein Indianer kennt keinen Schmerz!« »Gegessen wird, was auf den Tisch kommt!«, und wenn es für ein Kind noch so gräßlich schmeckt! Ein Kind darf nicht aufhören zu essen, wenn es satt ist, nein, der Teller muß leer gemacht werden, »damit es morgen schönes Wetter gibt!«

Eine Patientin – die später an Magenkrebs verstarb – wußte aus ihrer Kindheit folgendes zu berichten: »Wenn ich meinen Teller nicht leer aß, wurde ich mit diesem ins Klo eingesperrt und erst wieder herausgelassen, wenn ich alles heruntergewürgt hatte!« Auf meine ahnungslose Frage, warum sie denn nicht einfach die Essensreste ins Klo geschüttet hätte, starrte sie mich fassungslos an und meinte: »Dann hätten mich meine Eltern endgültig totgeschlagen. Einmal hat mich mein Vater so mit dem Gesicht in den Kartoffelbrei gedrückt, daß ich fast erstickt wäre. Ich konnte höchstens nach dem Essen, der überfüllte Magen schmerzte oft unerträglich, in den Garten schleichen und mich in einem entfernten Gebüsch erbrechen.«

Kinder gehen nicht ins Bett, wenn sie müde sind, sondern weil es neunzehn Uhr ist. Wehe, man wird mit der Taschenlampe unter der Bettdecke erwischt! Durften Sie wütend sein, wenn Sie von Ihren Eltern, Ihren Lehrern gekränkt, gequält wurden?

Eine Patientin bereicherte mich um folgendes Erlebnis: Die ersten beiden Therapiestunden waren gut verlaufen, wir verstanden uns auf Anhieb, es wurde viel gelacht.

Völlig überraschend für mich kam sie in die dritte Stunde mit einem steinernen Gesicht, war ablehnend, wortkarg. Mit größter Mühe konnte ich endlich dies aus ihr herauslocken: Ein Lieblingsspruch ihrer Mutter war gewesen: »Den Spatz, der morgens pfeift, den fressen abends die Katzen!« »Wissen Sie, Doktor, Sie waren in den ersten beiden Stunden so lieb zu mir, das konnte ja alles gar nicht ehrlich gemeint sein. Das dicke Ende, dachte ich, kommt bestimmt noch nach, am Schluß lassen Sie ja dann doch noch den Knüppel aus dem Sack und hauen mich in die Pfanne. Dem wollte ich vorbeugen!« Heute kann sich diese Frau freuen, ohne daß immer wieder diese Angst hochkommt.
Durch die Erziehung, die Verstandes- beziehungsweise Sozialisationsnormen, werden wir in unserer Jugend dauernd fehlgeleitet. Wir werden ununterbrochen dazu abgerichtet, auf unserem Gesicht etwas anderes erscheinen zu lassen, als tatsächlich in uns vorgeht. Ich nenne dies eine *emotionale* Lüge. Die Folgen können verheerend sein.
Stellen Sie sich vor, Sie fahren mit Ihrem Wagen durch eine Stadt, plötzlich fällt ihr Tacho, Ihr innerer Meßfühler, aus. Unsicherheit beschleicht Sie: Fahren Sie nun 50 km/h oder nicht? Angst kommt hoch: Hat der Polizist dort an der Ecke Sie nun notiert oder nicht? Sie sind erfinderisch und fahren halt einfach dem nächsten hinterher, der wird ja wohl die 50 km/h einhalten: Sie sind außenabhängig! Nehmen wir an, Ihr Vordermann merkt Ihre Not, und nur so zum Spaß erhöht er mal sein Tempo auf 70 km/h. Ohne es zu merken, eilen Sie ihm nach:

Sie sind beherrschbar! Zu Hause angekommen, steigen Sie müde aus dem Auto, denn die Anspannung der letzten Stunde hat viel Kraft gekostet. Verärgert schmeißen Sie die Tür Ihres Wagens zu: »Mistkarre!« – Sie sind aggressiv geworden.

Gefühle, die nicht wahrgenommen, nicht gelebt werden dürfen, müssen sich zwangsweise in Aggressionen umsetzen. Nicht gelebte Emotionen erzeugen in unserem Organismus eine Anspannung, die nur in Form von Aggressionen, sei es nach außen oder gegen sich selbst, gelöst werden kann.

Möchte ich einen Menschen beherrschen, von mir abhängig machen, so brauche ich ihm nur das auszureden, was wirklich in ihm vorgeht. Ich erfinde Strategien, die Anzeigen seiner inneren Sensoren lächerlich zu machen oder gar zu bestrafen. Hierdurch erreiche ich eine zunehmende Verunsicherung, und letztendlich wird er sich meinen Wünschen fügen. Die dabei als Nebenprodukt entstandene Aggression kann ich, wenn es für mich nützlich ist, auf die von mir vorgegebenen Ziele lenken.

Jeder Herrscher, jedes autoritäre System weiß dies und nutzt diese Möglichkeit, Menschen in dieser Form zu manipulieren.

Auf dieser Erkenntnis baut nun im wesentlichen meine Therapie auf. Mache ich den Patienten Mut, sich endlich einmal zu trauen, die anerzogenen Ängste, die ihre Gefühle bisher blockiert haben, zu überwinden, so werden diese auf einmal erfahren, wie ihre bisherigen Feindseligkeiten mehr und mehr abnehmen. Erst jetzt werden

sie befähigt, befriedigender mit ihrem Partner, mit den Mitmenschen umzugehen.
Selbstverständlich kann ich nicht immer meinen Gefühlen folgen. Ruft mich nachts das Rote Kreuz zu einem Verkehrsunfall, so werde ich sicher – trotz Müdigkeit – zu Hilfe eilen. Fragt mich aber um zweiundzwanzig Uhr jemand um einen Sprechstundentermin für den nächsten Tag, so werde ich ihm heute sicher sagen, daß ich jetzt müde sei und nicht mehr wolle. Etwas, was mir früher nicht möglich war!
Zähneknirschend hätte ich zum Bestellbuch gegriffen und dann anschließend diesen »unverschämten Menschen« verflucht (Aggression).
Ich möchte noch einmal wiederholen, wie ich die Patienten-Familien erlebe und was sich in ihnen abspielt. Alle haben sie Angst davor, Gefühle zu leben beziehungsweise Wünsche zu äußern. In allen entstehen dadurch Aggressionen. Die symptomfreien, nichterkrankten Familienmitglieder sind diejenigen, die ihren Feindseligkeiten freien Lauf lassen können. Hemmungslos und ungebremst machen sie sich permanent Luft. Dies ist für sie sehr nützlich, es ist dann nur das Problem des Partners, wie er damit zurechtkommt. Der Erkrankte ist derjenige, der seine eigenen Aggressionen für sich behalten muß – zusätzlich zu seiner Angst vor Emotionen blockiert ihn die Angst, die dadurch entstandenen Aggressionen auch herauszulassen – und der außerdem die Boshaftigkeiten des Partners einstecken muß.
Es wäre nun völlig verkehrt, mit dem Finger auf den Gesunden zu zeigen, ihm die Schuld in die Schuhe zu schie-

ben. Für mich gibt es keinen Schuldigen! Der Erkrankte hätte sich ja wehren können, aber vor allem: Die hier beschriebenen Vorgänge spielen sich für alle Beteiligten unbewußt ab. Was ich in diesem Therapiemodell gelernt habe, als Aggression zu definieren, war in dieser Form bisher auch noch gar nicht bekannt! Ist jemand an einer offenen Lungentuberkulose erkrankt, weiß dies aber noch nicht, so kann man ihm schlecht einen Schuldvorwurf machen, wenn er bis zur Diagnosestellung noch einige Mitmenschen infiziert hat, so bedauerlich dies auch sein mag.

Diese Feindseligkeiten/Aggressionen möchte ich jetzt noch etwas näher definieren und ausführlicher darstellen, was ich darunter verstehe.

Im Gegensatz zu manchen bekannten Meinungen gehe ich davon aus, daß der Mensch von Geburt an im Kern gut ist, beziehungsweise, daß er zum Guten fähig ist! Natürlich ist diese Ansicht nicht beweisbar, ich meine aber, gute Gründe zu haben, daß diese Sichtweise mehr Vorteile in sich birgt, als anzunehmen, daß wir alle verderbte Sünder seien. Wir Menschen sind von Geburt an im Kern gut, das heißt zum *Guten* befähigt! Die Natur hat in uns Instinkte zurückgenommen, wir müssen also Fehler, »Schlechtes«, machen. Außerdem hat es die Schöpfung zugelassen, daß wir es selbst in der Hand haben, ob wir es bei der Erziehung unserer Kinder zulassen, daß diese wirkliche Gefühle wahrnehmen und leben dürfen oder nicht. Lassen wir dies zu, so werden Menschen heranwachsen, die arm an Aggressionen sind und wenig Böses im Schilde führen können. Verbietet man aber Emotionen, wie maximale Ängste, Gefühle wahrhaben und leben zu dürfen, werden zwangsläufig Aggressionen entstehen, die später »Böses« erzeugen müssen.

Die Rücknahme der Instinkte bewirkt aber auch eine erhebliche Offenheit in unserem Erleben und Verhalten. Infolgedessen sind wir in größtem Ausmaß vom Erwartungsdruck der Mitmenschen abhängig. Dies belegen eine große Zahl von psychologischen Experimenten. Von zweien möchte ich Ihnen berichten.

In einem Hörsaal wurde Studenten ein gerader Strich an der Wandtafel gezeigt (er war genau zwei Meter lang). Sie wurden gebeten, die Länge dieses Kreidestriches zu schätzen. Der Durchschnitt der Schätzung aller lag bei 1,95 m. Ein Ergebnis, das zu erwarten war. Zu einem späteren Zeitpunkt wurde den Studenten wieder ein Kreidestrich gezeigt, diesmal drei Meter lang, und wieder sollten sie schätzen. Nur, unter die Studenten hatten sich heimlich einige Jugendliche gemischt – dies war von dem Versuchsleiter so arrangiert worden! – die lauthals »3,30 m!« riefen. Das Endergebnis der durchschnittlichen Schätzung lag bei 3,20 m!

Ein weiteres Beispiel: Wahllos wurden Passanten auf der Straße angesprochen und gebeten, mit in ein Labor zu kommen, ihre Hilfe sei sehr wertvoll und dringendst erforderlich. Es ginge darum, einer Versuchsperson etwas beizubringen. Diese Versuchsperson, hinter einer Wand verborgen, solle Wortfolgen auswendig lernen und in richtiger Reihenfolge wiedergeben. Bei Fehlern müsse diese Versuchsperson über elektrische Stromstöße (zwei- bis vierhundert Volt!) bestraft werden. Über siebzig Prozent der Testpersonen folgten freiwillig dem Versuchsleiter und bestraften die Versuchsperson mit immer stärkeren Stromstößen – manche bis vierhundert Volt! –, obwohl diese vernehmlich stöhnte, jammerte und schrie. (Natürlich war diese angebliche Versuchsperson an gar kein Kabel angeschlossen, die Schmerzensäußerungen waren simuliert.)

Wenn wir Menschen nun so geschaffen sind, daß wir hochsensibel und empfänglich für die vorgegebene Meinung anderer sind, so meine ich, ist es erstrebenswerter, primär etwas Gutes über uns anzunehmen. Erwarte ich Schlechtes vom Menschen, beispielsweise, er sei ein von bösen Trieben geplagtes Tier, so wird auch eher – nach dem Prinzip der sich selbst erfüllenden Prophezeiung – Schlechtes dabei herauskommen. Erwarte ich dagegen Gutes vom Menschen, so wird – nach demselben Mechanismus – auch eher etwas Gutes zu erwarten sein. Gehe ich also davon aus, daß der Mensch primär gut ist, das heißt eine Anlage zum Guten besitzt, so kann dies Gute nur durch Ansprechen, durch Hoffen auf dieses Gute »hervorgelockt« werden.

Das zweite Argument, uns primär Gutes zu unterstellen, beziehe ich aus religiös-philosophischem Denken. Gehe ich davon aus, daß ein Stein, ein Baum, ein Delphin, ein Mensch mögliche Darstellungen der Natur, der Schöpfung Gottes, sind, so müssen wir erst einmal gut sein, da wir ja dann ein Teil Gottes sind! Über die Rücknahme der Instinkte hat Gott es uns offengelassen, den Weg der Naturgesetze zu gehen oder nicht. Leben wir entsprechend den gesetzmäßigen Abläufen der Schöpfung – und diese gilt es, über Intuition *und* Verstand zu erkennen –, so wird es uns gutgehen. Läßt man also ein Kind seine in ihm angelegten Gefühle leben, macht man ihm so wenig wie möglich Angst vor seinen inneren, korrekten Signalen, so wird es aggressionsarm heranwachsen.

These 1: Jeder Mensch ist eine Teildarstellung der Schöpfung Gottes, Buddhas, Allahs usw. und damit primär gut, das heißt zum Guten befähigt.

Immer wieder stelle ich, insbesondere bei Patienten, die an einem Krebsleiden erkrankt sind, eine starke Selbstwertproblematik fest. »Gut, daß es mich nur einmal gibt, ich bin doch ein Nichts, tauge zu kaum etwas. Was ich zustande bringe, kann man doch vergessen!« Bei Karzinom-Patienten ist häufig ein schwerwiegender Verlust in der Jugendzeit zu finden. Es sieht für mich so aus, als ob ein kindliches Gehirn diesen Verlust so interpretiert: An mir muß etwas ganz Häßliches, Schlimmes, Böses sein, sonst wäre mir das nicht passiert, sonst hätte man mir das nicht angetan! Diese kindlichen Gedanken sind auch ganz nützlich für die Umgebung, denn sie bewegen das kleine Wesen, noch braver, gehorsamer und angepaßter zu sein, um nur ja nicht die Zuneigung und Pflege der restlichen Erwachsenen zu verlieren. Es weiß unbewußt nur zu genau, daß es ohne den Schutz der Erwachsenen verloren wäre, sterben müßte.

Dieser Gedanke, diese Angst, irgend etwas Ablehnendes in sich zu bergen, bestimmt das gesamte Leben dieser Menschen. Weil sie sich für minderwertig halten, lassen sie nur allzu leicht »Schindluder mit sich treiben«. Und diese schreckliche Angst vor Einsamkeit, dieses Abstürzen in ein gähnendes Nichts möchten und können sie nicht mehr ertragen, also folgen sie bedingungslos jedem Rattenfänger, lassen sich für die abenteuerlichsten Dinge benutzen. Diesen Menschen versuche ich Mut zu machen, ihre negativen Gedanken, Selbstvorwürfe über Bord zu kippen, sich selbst als positiver zu empfinden.
Ein Patient, erkrankt an einem Bronchialkarzinom, hatte seinen Ruheplatz in der finstersten Ecke seines wunderschönen, großen Zweifamilienhauses ausgesucht. Heute, nach der Therapie, sonnt er sich auf der Panoramaterrasse seiner Schwiegertochter, in seiner früheren Ruheecke wird inzwischen Kaminholz gestapelt. Jeder Mensch hat eine ihm eigene Zusammenstellung von Erbanlagen und eine einmalige Jugendzeit. Auch unter Geschwistern erlebt jedes Kind die Umwelt anders. Der Erstgeborene bekommt zum Beispiel meistens mehr Druck ab, als dies ein Nachzügler, das sogenannte Nesthäkchen, erfährt. Somit besitzt jeder Mensch ein ihm eigenes Fenster in die Welt. Jeder erlebt sich und versteht die Umwelt auf seine persönliche, einmalige Weise. Wir können sagen:

These 2: In jedem Menschen ist eine besondere, einmalige Bestimmung, Begabung angelegt.

Gelingt es einem Menschen im Lauf seines Lebens, zu seiner Begabung, zu seiner besonderen Bestimmung zu gelangen, so wird er für sich ein hohes Glück erfahren und für seine Mitmenschen der bestmögliche, wertvollste Partner sein. Kann ich meine Bestimmung verwirklichen, so ist es mir möglich, Dinge zu tun, die anderen bisher verwehrt waren wahrzunehmen, ich hinterlasse eine Spur im Leben der Mitmenschen; mein Leben hatte einen Sinn!

These 3: Partnerschaft sollte unter anderem dazu dienen, daß ein jeder dem anderen dazu verhilft, seine besondere Bestimmung zu entfalten!

Ich meine, daß wir von der Verwirklichung dieser These noch weit entfernt sind. Nach wie vor haben Frauen häufig weder in unserem Berufsleben die gleichen Chancen wie Männer, von der ungleichen Bezahlung ganz zu schweigen, noch wird Hausarbeit, und insbesondere die Betreuung der Kinder, als relevante Tätigkeit angesehen. Pointiert möchte ich hier einmal behaupten: Würde der Erziehung der Kinder oberste Priorität eingeräumt, dürften auch Männer Kinder erziehen, würde den Erwachsenen Zeit und Gelegenheit eingeräumt zu lernen, harmonischer miteinander umzugehen (zum Beispiel über Familien-Psychotherapie), so bräuchten wir weit weniger arbeiten, denn die Ausgaben für das Gesundheitswesen gingen drastisch zurück, es müßten weniger Kriegsmaterial und andere Produkte dieser Art hergestellt werden.

These 4: Als Aggression ist alles zu werten, was mich hindert, zu meiner Bestimmung, meiner Begabung, meiner »Melodie« zu gelangen.

Jede mir in meiner Jugend künstlich und unnötig gesetzte Angst ist als schwere Aggression aufzufassen, denn diese Angst steuert den späteren Erwachsenen in alle möglichen Ecken, nur nicht dorthin, wo seine Bestimmung liegt. Eine an Leukämie erkrankte Patientin erzählte mir: »Eigentlich wollte ich meinen ersten Mann gar nicht heiraten. Aber um des lieben Friedens willen gab ich seinem penetranten Drängen halt nach. Ich habe es dann auch bitter bereuen müssen!« (Er war oft wochenlang von zu Hause weg, spurlos verschwunden, trank, schlug sie, war zudringlich und verspottete sie anschließend über ihr Aussehen.)
Wird in der Jugend Angst vor Sinneseindrücken, Empfindungen und Gefühlen vermittelt, so werden lebensnotwendige Teile der Innensteuerung »ausgebaut«. Man wird beherrschbar und zum nützlichen Idioten für andere.
Mein Vater erkrankte während des Zweiten Weltkriegs an der Ostfront an einem schweren Nierenleiden. Mit Ach und Krach genas er im Lazarett. Noch wackelig auf den Beinen – die Ärzte rieten ihm dringendst ab –, eilte er wieder zu seiner Truppe, in einen Abschnitt, wo bereits der Laie absehen konnte, daß die russischen Streitkräfte alsbald einen Kessel daraus bilden würden. »Krankheit hin, Krankheit her, ich kann mir hier doch

keine Schwäche leisten und meine Kameraden im Stich lassen!«. Das waren seine letzten Worte, die wir von ihm hörten.

These 5: Sinneseindrücke, Empfindungen und Gefühle sind innere Sensoren, die mir meine Befindlichkeit korrekt anzeigen und damit meinen Weg zu meiner Bestimmung.

Der Gedanke, daß jeder Mensch eine besondere Bestimmung, eine ihm eigene Begabung besitzt, wurde übrigens schon vor zweihundertfünfzig Jahren in der Chassidischen Lehre, bei den Juden Osteuropas, ausgesprochen.
Martin Buber führt dies in seinem Büchlein: »Die Lehre des Chassidim« sehr eindrucksvoll vor. In abgeschwächter Form, so meine ich, ist uns allen dieser Gedanke auch schon irgendwie vertraut. Einen Linkshänder zu zwingen, mit der rechten Hand zu schreiben, ist schon lange nicht mehr üblich, denn wir haben erkannt, daß ein solcher Mensch eben mit der linken Hand bessere Ergebnisse erzielt als auf rechts getrimmt. Seit ich gelernt habe, meine Überbehütungsstrategien zurückzunehmen, nicht mehr alles besser zu wissen und mich nicht mehr überall hineinzuhängen, habe ich von meinen Kindern Lösungsmöglichkeiten lernen können, auf die ich selber nie gekommen wäre. Entsprechend *ihrer* Sichtweise gelangen ihnen Dinge, die ich mit meinen Vorstellungen so nicht erreicht hätte.

These 6: Die Unterdrückung von Sinneseindrücken, Empfindungen und Gefühlen – durch Angstmachen – bewirkt eine Anspannung, die über Aggression entladen werden muß.

These 7: Einigen Menschen gelingt es, diese Aggression nach außen, das heißt gegen andere auszuleben.

Eine ältere Patientin – sie war mir schon seit einigen Jahren bekannt – kam auf einmal wegen schrecklicher Verfolgungsängste, Wahnideen, Müdigkeit und Abgeschlagenheit zu mir in die Sprechstunde. Ihr Zustand war so schlimm, daß ich ihr erst einmal medikamentös helfen mußte. Sie war im Augenblick überhaupt nicht in der Lage, einem langen Gespräch zu folgen. So ganz nebenbei versuchte ich, ihr noch mit folgendem Satz zu helfen: »Ihr Mann, der ja nun eben in Rente gegangen ist, kann sich ja nun mehr um Sie kümmern, Sie betreuen, Ihnen Arbeit abnehmen.« – »Das ist es ja gerade, was mich so fertigmacht«, gab sie zurück. »Überall hängt er sich rein, was ich mache, ist verkehrt, ständig beweist er mir dies. Wenn ich doch nur irgendwo ein kleines Fleckchen hätte, wo ich alleine zuständig sein und Verantwortung tragen könnte!« Auch ihren Ehemann kannte ich schon seit längerem. Er kümmerte sich um alles und jedes, etwa mal sich in Ruhe hinsetzen und einen Sonnenuntergang genießen war ihm absolut unmöglich. Krank war er bisher noch nie gewesen. Er war also derjenige, der seine Art der Aggressivität, hier in Form von

Überengagement, loswerden konnte. Für einen uneingeweihten Leser mag dies vielleicht etwas überraschend sein, denn uns allen wird ja ständig eingeimpft, sich für den Mitmenschen nützlich zu machen, sich für ihn einzusetzen. Auf diese Problematik werde ich später noch ausführlicher eingehen.

Noch ein weiteres Beispiel erscheint mir hier sinnvoll: Eine junge Frau war mit ihrem dreijährigen Sohn bei uns zu Besuch. Der Kleine stolperte über ein Spielzeug, flog der Länge nach hin und prallte dabei mit einem Knie gegen den Türrahmen. Nur unterdrückt begann er zu weinen, er hätte eigentlich laut aufschreien müssen, denn er hatte sich wirklich sehr weh getan. Seine Mutter plauderte ungerührt mit uns weiter und meinte ganz locker in einem Nebensatz: »Robby ist mein kleiner Held, der kennt keinen Schmerz!« Ein paar Minuten später bemerkte ich zu meinem Entsetzen, wie Held Robby mit einer Schere auf die Augen unseres Hundes losging.

Andere Menschen sind durch eine zusätzliche Angst gezwungen, ihre Aggressionen gegen sich selbst zu richten. Außerdem müssen sie noch die Angriffe der anderen einstecken. Als Lösung kann sich dann eine passende Erkrankung anbieten, eine Erkrankung, die den Betreffenden aus seinem bösartigen Clinch herausnimmt.

Letzthin erschien montags eine junge Frau in meiner Sprechstunde: »Gestern abend hatte ich wieder so furchtbare Bauchkoliken. Dies ist mir völlig unverständlich, die Galle wurde doch vor einem halben Jahr herausgenommen!« Ich fragte: »Wie hätte denn nun Ihr

Sonntagabend ohne ihre Bauchschmerzen ausgesehen, was hätten Sie dann unternehmen können?« Erst verdutzt, dann nachdenklich mich ansehend, brach es auf einmal unter Tränen aus ihr heraus: »Ich sah halt wieder meinen Mann auf mich zukommen, ich hätte mit ihm schlafen müssen!« Ich gab ihr zu bedenken, daß doch Sexualität etwas sehr Schönes sei, und die Natur es so eingerichtet habe, daß auch eine Frau sehr viel Freude und Entspannung dadurch haben könne. »Sicher, bei meinem Freund klappt das ja auch ganz toll, das ist der Himmel auf Erden. Aber mein Mann, der ist so grob zu mir. Da verkrampft sich der ganze Bauch!« Sie ergänzte anschließend noch: »Zärtlichkeit kommt doch in der Familie meines Mannes nicht vor, die gehen alle miteinander um wie Holzscheiter. Sicher ist mein Mann von seiner Mutter sehr allein gelassen worden, und nun meint er, wenn er mit mir schläft, so sei dies Nähe. Wenn ich daher nein sage, fühlt er sich wieder abgelehnt, spricht mit mir tagelang kein Wort, und das halte ich nicht aus. Also traue ich mich nicht, nein zu sagen!«

Gesteht man einem Menschen von Anbeginn seines Lebens zu, daß er vorwiegend seinen Sinneseindrücken, Empfindungen und Gefühlen folgen darf, so wird er ein selbstsicherer Erwachsener werden. Von unausweichlichen Unfällen abgesehen, wird er sich durch eine stabile Gesundheit auszeichnen, wird bei geistiger Frische alt werden und eine friedliche Atmosphäre um sich herum schaffen. Wird dagegen Angst als entscheidendes Instrument in der Erziehung eingesetzt, Angst vor korrekten Signalen der inneren Sensoren, so werden dem Kind

lebensnotwendige Steuerorgane weggenommen, es wird psychisch verstümmelt.
Meine Mutter besitzt heute noch einen Film, auf dem festgehalten ist, wie sie mich als Einjährigen in ihrem linken Arm, eingeklemmt wie in einem Schraubstock, festhält und mir mit ihrer freien Hand Kartoffelbrei und Spinat in den Mund stopft, wie bei einer Mastgans. Hatte ich mal eine gute Schulnote, so gab es Schokolade. Meine angeborene, richtige Empfindung für Hunger/Sättigung wurde also immer wieder von außen übersteuert. Heute muß ich mühsam, über den Verstand geregelt, darauf achten, nicht noch mehr zuzunehmen. Meine Kinder dagegen durften essen, wie viel und wann sie wollten. Wir haben ihnen die Meßfühler nicht kaputtgemacht, sie sind schlank und frei von überflüssigen Fettpolstern.
Neben einer existentiellen Verunsicherung und damit übergroßen Abhängigkeit von Mitmenschen bewirkt ein Nichtlebenkönnen von Gefühlen ein großes Maß an innerer Anspannung, die nur in Form von Aggressivität gelöst werden kann.
In einer Paarbeziehung, in einem Familiensystem ist es jetzt nur dic Frage, wer seine Aggressionen eher herauslassen darf und wer »um des lieben Friedens willen« eher den Mund halten muß. Ist ein Mensch gezwungen, seine in ihm entstehenden Feindseligkeiten zurückzuhalten und gleichzeitig die seines Partners widerspruchslos einzustecken, so wird sein Körper dies eine Zeitlang klaglos mitmachen, bis eines Tages »das Faß überläuft« und sich Symptome einstellen. Über diese Symptome,

diese Krankheit, kann sich nun der Betreffende dem innerfamiliären Schlagabtausch entziehen. Es darf ihm aber beileibe kein Schuldvorwurf hieraus gemacht werden, denn der Patient hatte aufgrund seiner ihm in der Jugend mitgegebenen Lebensbewältigungsstrategien gar keine andere Wahl!

Im Verlauf der Therapie »verliert nun allerdings der Patient seine Unschuld«, denn er lernt die Zusammenhänge wahrhaben und begreifen. Zum Ausgleich aber bekommt er Techniken und Strategien an die Hand, die es ihm nun – erstmalig in seinem Leben – erlauben, gelungener mit den Aggressionen seiner Umwelt umzugehen. Außerdem lernt er, daß seine bisherigen Ängste viel zu groß waren und der Realität überhaupt nicht entsprachen. Hierdurch kann er sich jetzt immer wieder Mut machen, das zu fühlen und sein Erleben und Handeln danach zu richten, was in ihm vorgeht. Gefühle haben immer recht!

Folgerichtig schreibt Dieter E. Zimmer: »Der Verstand kann stets nur im nachhinein für richtig befinden, was die Gefühle schon lange wußten!«

Angst vor Schwäche – Angst vor Fehlern

Ein herrliches Spätsommerwetter belohnte die Initiative und den Arbeitsaufwand der Klassenlehrerin. Für ihre vierte Klasse hatte sie einen Spielnachmittag in einer Waldlichtung organisiert, Eltern brachten Kuchen und Getränke mit, ein Vater spielte Akkordeon. Zuerst vergnügten sich die Kinder bei einem Völkerballturnier, dann wurden die Kräfte beim Tauziehen gemessen. Nach einer kleinen Schnitzeljagd wurde auch bald der Schatz in Form von Grillwürstchen gefunden. Oliver, der Klassensprecher, wußte seine Kameraden gut anzuführen. Er besorgte die Einteilung in Gruppen und kümmerte sich vehement um die Einhaltung der Spielregeln.

Plötzlich entdeckten die Kinder, daß die Erwachsenen auch Jutesäcke mitgebracht hatten. Jetzt sollte es also mit Sackhüpfen weitergehen. Oliver, obwohl sportlich einer der Besten, versuchte seltsamerweise seine Klasse umzustimmen: »So was Doofes, das ist doch Kindergarten, Fußball wäre doch jetzt viel schöner!« Nichts half. Mürrisch und schimpfend schnappte sich Oliver einen Sack, und widerwillig – aber Fairneß mußte ja sein – reihte er sich in die Gruppe der Sportasse ein. Intuitiv hatte die Klasse begriffen, daß hier ein Duell ausgetragen werden sollte. Oliver gegen Markus, wer von beiden hatte heute die kräftigeren Beine? Startpfiff, und ab

ging die Post. Während Markus sich bei den ersten Sätzen leicht verhedderte, kam Oliver ganz gut weg, mit kräftigen, ruhigen Sprüngen strebte er der Ziellinie entgegen. Markus aber holte langsam auf, und auf einmal mußte Oliver wahrnehmen, daß sein Konkurrent an ihm vorbeizog. Olivers Gesichtsausdruck war erschreckend. Oliver mobilisierte jetzt ungeahnte Kraftreserven und schoß wie ein Hartgummiball nach vorn. Er flog förmlich über das Ziel, machte noch drei, vier zusätzliche Sprünge, nur um ja sicher zu sein, das Rennen gewonnen zu haben. Seine Klassenkameraden waren begeistert. Ihr »Boß« war halt doch der Größte, sie wollten ihm lachend und krakeelend gratulieren. Oliver aber winkte mürrisch ab und verzog sich.
Das Elternhaus von Oliver ist mir bestens bekannt, ich wohnte in der Nachbarschaft. Seine Mutter war mehr mit sich selber beschäftigt. Er mußte von frühauf lernen, allein klarzukommen, sich selber zurechtzufinden. Im Grunde wurde er von seinen beiden älteren Brüdern großgezogen. Ich sehe noch heute, wie die drei zum Spielen in den Wald zogen: Weit vorneweg die beiden großen Brüder und, mit letzter Kraft strampelnd, die kleinen Beinchen wirbelten nur so durch die Luft, der kleine Oliver hinterher. Vermochte er mitzuhalten, so war es gut. Reichten seine Kräfte nicht aus, den Großen zu folgen, so mußte er umdrehen und nach Hause zurückkehren, wo niemand auf ihn wartete. Weinend trödelte er dann heimwärts, ein Bild des Jammers. Oliver lernte von frühester Kindheit an, Schwäche beziehungsweise Langsamkeit nicht zulassen zu dürfen. Nur wenn

er stark war, das heißt, wenn er eine Leistung erbrachte, wurde er akzeptiert und bekam seine Streicheleinheiten. Eine Medizinstudentin, kurz vor dem Examen, leistete in meiner Praxis ihr Pflichtpraktikum ab. Sie war einfühlsam, interessiert und zuverlässig, und so übertrug ich ihr viele anfallende Arbeiten. Im praktischen, eigenverantwortlichen Tun konnte sie am besten lernen. Frühmorgens erschienen stets die Patienten zur Blutabnahme. Manuela hatte alles fein säuberlich vorbereitet. Da sie verständlicherweise die Patienten kaum kannte, kontrollierte sie sorgfältig die Laborzettel mit den Namen der vor ihr Sitzenden und überprüfte auch anhand meines Auftrages, wieviel Blut nun für welche Untersuchungen bei wem abgenommen werden sollte. Es war eine Freude, ihren geschickten Händen zuzuschauen. Schnell saß die Staubinde, wurde die Ellenbeuge keimarm gemacht, glitt die Nadel elegant in die Vene. Geschickt wechselte sie die Röhrchen, es gab kein unästhetisches Blutbad.
»Na, Mädchen, ob Sie das können? Bei mir hat noch jeder Anfänger danebengestochen!« maulte eine Patientin, mit der die gesamte Praxis schon seit Jahren ihre liebe Not hatte. Ich wollte Manuela schon beiseite schieben, verwarf aber dann den Gedanken, denn sie mußte ja auch lernen, mit solch schwierigen Leuten fertig zu werden. Manuelas Lippen formten sich zu einem dünnen Strich, die Wangenmuskulatur wurde in Strähnen unter der Gesichtshaut sichtbar, sie sah auf einmal uralt aus. Meisterhaft traf sie die Vene, kein Tropfen ging daneben, da schimpfte die Patientin auf einmal los: »Bei

mir sollte doch nur ein bißchen Blut für die Zuckerbestimmung abgenommen werden. Sie aber haben ja gleich zwei volle Röhrchen gezapft. Das ist ja die reinste Schlachtbank hier. Kein Wunder, wenn ich immer so müde bin, bei dieser Blutarmut!«

Wie von einem Fausthieb getroffen, stolperte Manuela rückwärts, kalkweiß im Gesicht, die fahrig zitternden Hände suchten Halt. »Ja, aber auf dem Zettel ...«, versuchte sie sich zu entschuldigen und brach in Tränen aus. Ich hatte vergessen, ihr mitzuteilen, daß mit der Patientin Tage zuvor zwar nur eine Blutzuckerbestimmung vereinbart worden war, zwischenzeitlich aber noch ein für sie ungünstiger Röntgenbefund eintraf, so daß weitere Blutuntersuchungen absolut erforderlich waren. Diese Ergebnisse wollte ich erst abwarten, um dann alles en bloc mit ihr zu besprechen.

Manuela erholte sich an diesem Vormittag nicht mehr, ich mußte sie nach Hause schicken. Meine altgedienten Praxishelferinnen wunderten sich: »So schlimm war das ja nun auch wieder nicht, da sind wir doch schon ganz andere Kritik von Patienten gewohnt, und überhaupt, 15 ml Blut mehr oder weniger – da ist doch überhaupt kein Fehler gemacht worden. Bei der Periode verliert diese Frau doch viel mehr Blut!« Abends setzte ich mich mit Manuela zusammen. Sie war immer noch völlig verstört und beteuerte stets aufs neue, keinen Fehler gemacht zu haben. Ob jetzt wohl die Patientin den Arzt wechseln werde und ich Schaden durch diese Verärgerung erleiden müsse?

Mich interessierte etwas ganz anderes: »Manuela, ist es

möglich, daß Ihre Mutter stets sehr besorgt um Sie war, sich intensivst um Sie gekümmert hat?« – »Hat? Nein, immer noch tut!« brach es angewidert aus ihr hervor. »Jeden Morgen belabert sie mich aufs neue: Sei lieb zu den Patienten, fall dem Doktor nicht mit zu vielen Fragen auf die Nerven, und von den Spritzen läßt du noch die Finger, das ist für dich noch viel zu gefährlich, man liest doch soviel in der Zeitung von falsch verabreichten Injektionen!« Manuela sank völlig verzweifelt in sich zusammen. Sie kauerte sich so klein in der Couchecke zusammen, als ob sie sich unauffindbar machen wollte. »Ich kann doch zu Hause machen, was ich will, stets weiß Mutti es besser. Im Herbst greift sie mir noch heute unter den Rock, ob meine Unterhose nicht zu dünn ist. Dagegen aufzubegehren, das schaffe ich nicht. Der traurige Blick von ihr ist so furchtbar, da brech' ich wieder zusammen. Da geht es meinem Bruder doch eigentlich gut. Der hat jetzt seine Schizophrenie, in seinem Wahn hat er immer recht. Für Kritik ist er nicht mehr erreichbar!« Manuela war durch die ständige Bevormundung extrem empfindlich gegenüber Kritik geworden und hatte große Angst, Fehler zu machen. Glücklicherweise kam kurz darauf ihr Bruder in eine familientherapeutische Behandlung, wobei auch Manuela mit einbezogen wurde. Es geht ihr heute unvergleichlich besser!

Gleich zu Beginn meiner Praxis hatte ich es eingeführt, gefährdete alte Patienten, chronisch und schwer Kranke in regelmäßigen Abständen zu besuchen. Einmal konnte ich so Verschlechterungen des Gesundheitszustandes rechtzeitig erkennen und, wenn möglich, beheben, zum anderen hielten sich damit die nächtlichen Besuchsanforderungen in einem erträglichen Rahmen. Bei diesen Routinehausbesuchen fiel mir mit der Zeit die hohe Aggressivität in den Familien auf. Zuerst bemerkte ich eine immer geringer werdende Lust, dieser Pflicht nachzukommen. Bis mir auffiel, daß ich gern zu Alleinstehenden ging, während mir die Familienszenarien immer mehr auf die Nerven gingen.

Die Leute unterbrachen sich im Gespräch andauernd, der eine nahm den anderen nicht ernst: »Doktor, die Beschwerden, die mein Mann da angibt, die bildet er sich doch nur ein. Ich würde mich schämen, Sie mit solchen Bagatellen zu behelligen!« Oder der eine putzte den anderen vor mir herunter, machte ihn lächerlich: »Meiner Tochter geht es ja schon wieder etwas besser, ihre Wahnideen haben nachgelassen. Gestern konnte sie sich dadurch schon wieder etwas nützlich machen, sie hat im Garten Äpfel abgenommen. Nun, sie hat natürlich nicht alle Äpfel erwischt, die freuen sich jetzt halt, daß sie noch ein wenig oben hängen bleiben!«

Ein glücklicher Zufall gab mir damals das Büchlein von U. Jürgens und D. Ploog »Von der Ethologie zur Psychologie« in die Hand. Unter anderem führten die Autoren einiges über den angeborenen Aggressionstrieb bei Tieren aus: »Zwei Formen von Aggressionstrieben lassen sich unterscheiden: Dominanztrieb und Hetztrieb!«

Plötzlich wurde mir klar: Fast alle der in den Familien wahrgenommenen Aggressionen ließen sich unter den beiden Begriffen des Dominierens und Hetzens einordnen. Der eine Ehepartner zeichnet sich dadurch aus, daß er immer stark und beherrscht sein muß, sich überengagiert, alles besser weiß und schweigt (= dominieren). Der andere durch ein Immer-perfekt-sein-Müssen, er hält sich aus allem raus, hetzt, wertet andere ab und legt sich nicht fest (= hetzen).

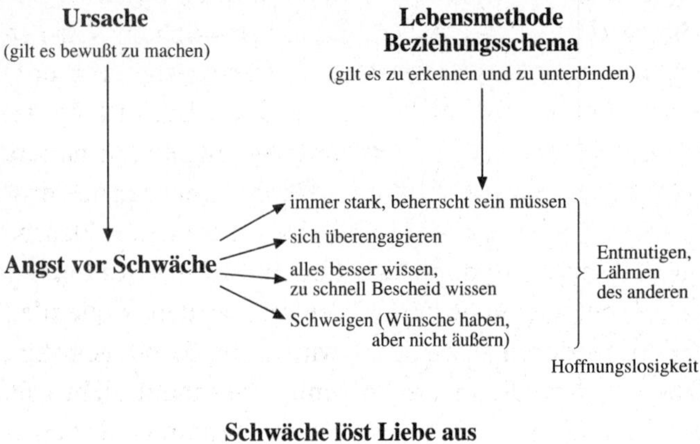

Abbildung 2 verdeutlicht den Menschentypus, der es ununterbrochen nötig hat, zu dominieren, stark sein zu müssen. Wir finden hier – leider – die Eigenschaften des Idealbildes der westlichen Welt wieder. Der Trapper, der Rancher, der im Alleingang reißende Flüsse und spaltendurchzogene Firnfelder überwindet. Der bedürfnislose Samariter, der lächelnd sein letztes Hemd hergibt. Der kühle, beherrschte Astronaut, der bei einem plötzlich aufgetretenen, lebensbedrohlichen Leck zur Erde funkt: »We have got a problem here«, und nicht etwa seine Todesangst zugibt. In vielen Trivialromanen kann man solche Durchhaltegeschichten finden, die diese extrem krank machenden Strategien preisen.

Warum melde ich nun bei diesem in unserer Gesellschaft so hoch bewerteten Verhaltensmuster Bedenken an? Ich habe gelernt, daß dahinter eine riesige Angst vor Schwäche steckt. Diese Lebensbewältigungsstrategien sind also nicht freiwillig, sondern erzwungen. Wird in der Jugend eine große Angst vor Schwäche, vor dem Schwachsein eingeimpft, so ist man ein Leben lang damit beschäftigt, diese Angst unter Kontrolle zu halten, betäuben zu müssen. Wie ein Alkoholiker, der das drohende Delirium immer wieder mit einer neuen Flasche Bier abwenden und niederhalten muß! Ein Großteil der Lebensenergie geht für diesen nie enden wollenden Kampf verloren, außerdem wird man damit genötigt, Dinge zu tun, die man im Grunde überhaupt nicht will, die nie und nimmer der eigenen Bestimmung, der eigenen Melodie entsprechen.

»Angst-vor-Schwäche-Patienten« pflege ich immer dieses Beispiel zu erzählen: »Stellen Sie sich ein Neubaugebiet vor. Alle Siedler haben begrenzte finanzielle Mittel, nur in Nachbarschaftshilfe können die Häuser hochgezogen werden. So wie ich Sie jetzt kennengelernt habe, darf ich davon ausgehen, daß ich Sie praktisch immer auf der Baustelle der anderen finde. Da Sie nicht nein sagen, keinem einen Wunsch abschlagen können, kann man Sie nur allzu leicht von Ihrem Grundstück weglocken. Sie haben die große Fähigkeit, sich für andere zu begeistern. Allerdings, während die anderen dann eines Tages in ihren Neubau einziehen, wird Ihr Haus noch nicht mal über drei Grundmauern hinaus sein, man wird Ihren Baustil nie erfahren. Ihnen ist vorher die Luft ausgegangen.«

Ununterbrochen ist ein solcher Mensch damit beschäftigt, stark zu sein, sich überzuengagieren, um seine Angst vor Schwäche niederzuhalten, bis ihn eines Tages eine Erkrankung (Herzinfarkt, Rheuma, Migräne) aus seinem Dauerkampf herausnimmt. Nachdem der Betreffende sich nicht getraut hat, einmal nein zu sagen, übernimmt dies nun die Erkrankung für ihn.

Häufig sind Frauen, die an Brustkrebs erkranken, bekannt für ihre übergroße Aufopferungsbereitschaft, Demutshaltung und Neigung, sich alles gefallen zu lassen. Bis sie eines Tages – unbewußt – begreifen: »Mein ganzer Einsatz hat sich nicht gelohnt. Die ersehnte Nähe, Geborgenheit habe ich mit meiner Schufterei nicht bekommen. Also machen wir Schluß!« Gerade kürzlich erlebte ich wieder eine eindrucksvolle, erste Familien-Psychotherapiestunde mit einer an Brustkrebs erkrankten Patientin (sie war vier Wochen zuvor operiert worden). Einen Beruf hatte sie in ihrer Jugend nicht erlernen dürfen. Ihr Vater verlangte von ihr die Mitarbeit in seinem Hotelbetrieb, das heißt, sie wurde sehr schnell der Motor des Unternehmens. Vierzehn bis sechzehn Stunden Arbeit pro Tag! Am freien Tag der Woche, wenn es überhaupt einen gab, wurde für die Küche eingekauft, die Bilanzen auf dem laufenden gehalten. Wer an Urlaub auch nur dachte, galt als vergnügungssüchtig. Sie kam überhaupt nicht dazu, einmal an Heirat und Kinder zu denken. Endlich, als sie zweiundvierzig Jahre alt war, schaffte es ein hartnäckiger Freier, sie aus dieser Tretmühle herauszulösen. Wortwörtlich sprach sie in dieser ersten Therapiestunde von ihrem »Erlöser«. Nur, im wahrsten Sinne des Wortes, hatte sie die Rechnung ohne den Wirt gemacht: Ihr Vater, der langsam auf die Achtzig zuging, nistete sich in ihrer Wohnung ein. »Jeden Abend hockt er mit am Tisch, oder er dreht den Fernseher so auf, daß ich wiederum kein Wort mit meinem Mann reden kann. In Urlaub fahren können wir natürlich auch nicht, meine Schwester fühlt sich von Kindheit an bei der kleinsten Belastung überfordert, die kann unseren Vater nicht hüten.« Und, wie könnte es in einem solchen Familienszenarium anders sein, vor nicht allzu langer Zeit wurde testamentarisch festgelegt, daß der weitaus größere Teil des Erbes an die Schwester geht. Nur mit Mühe und Not konnte die Patientin einen ihr lieben Acker für sich retten. Sie hatte früher einmal den Traum, Bäuerin zu werden.

Ich muß hinzufügen, daß die Patientin zu Beginn der Therapiestunde meinte, sie habe keinerlei Probleme, alles sei sehr harmonisch in ihrer Familie, eigentlich führe sie ein sehr schönes Leben. Dem aber widersprach dann sehr schnell ihr angeekelter Gesichtsausdruck, als sie von ihrem Vater, und besonders, als sie von ihrer Schwester sprach. Erst nachdem ich hier hartnäckig nachhakte, kam ihre wahre Geschichte zutage. Zum Schluß der

Stunde meinte sie strahlend: »So habe ich das ja alles noch nie gesehen, da werde ich jetzt aber gewaltig was ändern!«

Diese Verhaltensweise der Stärke ist für den Betreffenden zu guter Letzt nicht nur gesundheitsschädlich, sondern auch seine Umwelt, sein Lebensgefährte, Ehepartner wird über die Zeit zu leiden haben, sofern er sich dieser Strategie nicht erwehrt.

Da der Mensch mit einer Angst vor Schwäche zuviel für seinen Partner tut, ihm zuviel Verantwortung abnimmt, hindert er ihn daran, eigene Erfahrungen zu sammeln, »selber stark« zu werden. Er gibt seinem Partner auch unabsichtlich zu verstehen, daß dieser zu nichts taugt und völlig unfähig ist. Er stellt mit seiner Besserwisserei jeden Lösungsvorschlag, jede Idee seines Gefährten in Frage und vermittelt diesem Unvermögen. Der Umwelt vermittelt ein solcher Mensch ununterbrochen: »Es ist falsch, was du da machst!« Durch die Strategie des Stark- und Schnellseins zeigt er den anderen ihre Bedeutungslosigkeit, sie können bei ihm keine Wirkung erzielen. Vielleicht wie in jenen Witzfilmen, wo ein kleiner Bösewicht verzweifelt mit seinen Fäusten gegen den Bauch eines Athleten trommelt und dieser ungerührt milde nach unten lächelt.

Zu unserer eigenen Orientierung sind wir Menschen auf Mitteilungen und Signale der anderen angewiesen. Schweigt der andere aber, meldet er seine Wünsche und Empfindlichkeiten nicht an, zeigt er keine Betroffenheit, keine Reaktion, so ist dies eine schlimme Form der Aggression, der dazugehörige Partner läuft ins Leere.

Die Summe der Aggressionen eines Menschen mit Angst vor Schwäche löst bei seinem Partner Entmutigung, ja Lähmung aus. Im Grunde aber möchte der Immerstarke einmal schwach sein dürfen, er möchte erleben, daß einmal andere etwas für ihn tun. Aber durch seine Strategie des Überengagements hat er alle unfähig gemacht, gelähmt; es traut sich niemand mehr, auch einmal etwas für ihn zu tun.
Ein Kollege, Typ Angst vor Schwäche, mußte folgendes erleben: »Eine schwere Magen-Darm-Grippe hatte mich erwischt, nach jedem dritten Patienten sauste ich aufs Klo. Bei den Hausbesuchen wunderten sich die Leute, daß ich immer gleich zuerst nach der Toilette fragte, aber ich hielt bis abends durch. Dann, völlig erschlagen, warf ich mich gegen zwanzig Uhr ins Bett. Eine Viertelstunde später klingelte das Telefon: Dringender Hausbesuch. Ich war verzweifelt, sauer, schimpfte beim Anziehen vor mich hin. Da meinte meine Frau ganz cool: ›Wofür bist du denn eigentlich Arzt?‹ Sie hatte keinerlei Mitleid mit mir. Ich fühlte eine Falltür unter mir sich öffnen, ich war grauenhaft allein!«
Ich möchte Ihnen jetzt einmal einen idealtypischen Menschen mit Angst vor Schwäche skizzieren: Sich überengagieren, alles besser wissen, schweigen (keine Wünsche anmelden), immer stark, beherrscht und schnell sein müssen. Nehmen wir an, es handelt sich um einen neuen Patienten in meinem Wartezimmer, welches offen in das Büro der Helferinnen übergeht.
Eiligen Schrittes hatte er die Praxis betreten, hob im Vorübergehen einem Mädchen das heruntergefallene

Taschentuch auf und blätterte, wohlvorbereitet, den Helferinnen Krankenschein, Vorbefunde und Impfausweise hin. Neben ihm wurde gerade einer älteren Patientin der Weg zu einem Facharzt im benachbarten Ort beschrieben. Milde lächelnd wiegte er den Kopf und wußte einen viel besseren Weg zu beschreiben: »Ach, wissen Sie, ich muß da nachher ohnehin in der Nähe vorbei, ich kann Sie ja im Wagen mitnehmen«, ergänzte er noch anschließend. Offenen, kontaktsuchenden Blickes saß er dann im Wartezimmer, alles interessiert in sich aufnehmend. Auf meine Begrüßung federte er hoch und stürmte voran ins Sprechzimmer, hinter mir die Tür schließend. Die »romantische Ordnung« auf meinem Sideboard schien ihn zu stören, denn mit ein paar flinken Griffen schob er die wahllos verstreuten Papiere aufeinander, die Bleistifte und Kulis kamen in einen Becher (ich habe dies wirklich erlebt!). Er schilderte mir seine Beschwerden, das heißt, er offerierte mir gleich seine Diagnose: Neuralgie im Unterkieferbereich. »Also, da ist sicher ein Nerv im Unterkiefer entzündet, vielleicht der Trigeminus, oder ein Zahn kaputt oder eine Abnutzung in den Kiefergelenken. Pro forma brauche ich einen Hausarzt, ich bin hier neu zugezogen, an mir werden Sie nicht viel verdienen, meine Frau aber werden Sie dann mit ihren Wehwehchen schon noch kennenlernen (dabei grinste er geringschätzig). Also, ich muß wohl eher zum HNO-Doktor oder Zahnarzt!« Bisher war ich noch nicht zu Wort gekommen, es gelang mir erst jetzt, zu fragen: »Wann treten diese Schmerzen auf? Kann es sein, daß Sie diese Beschwerden im Unter-

kiefer besonders beim Treppensteigen oder wenn Sie einen Berg hochrennen verspüren?« Verblüfft schaute er mich an und meinte: »Tatsächlich, Sie haben recht, in der Firma, wenn ich so zwei Stufen auf einmal die Treppen hochsause, der Lift ist ja viel zu langsam, genau dann zieht es so in den unteren Zähnen. Woher wissen Sie das eigentlich, das hätte mir doch schon selber auffallen können?« – »Tja«, fuhr ich weiter fort, »eigentlich würde ich Sie jetzt gerne ein paar Tage krank schreiben. Ich vermute eine Durchblutungsstörung am Herzen. Ich halte Sie für einen gefährdeten Patienten. Ich möchte die Zeit für ein paar weitere, absolut notwendige Untersuchungen nutzen.« – »Doktor, Sie machen Witze!« bekam ich zu hören, »wer möchte nicht schon mal ein bißchen ausspannen, aber ich werde gebraucht. So, ich muß jetzt weiter. Also, wenn ich mal Zeit habe, dann können wir ja nach dem Herzen schauen. Bis dahin, tschüs!« Er sauste hinaus, streifte dabei leicht eine im Wege stehende, sehr empfindliche Patientin, die ihn auch gleich anfauchte: »Können Sie nicht aufpassen, Sie Flegel?!« Ohne die geringste Veränderung im Gesicht verneigte er sich höflich, entschuldigte sich und verschwand.
Später ist es mir dann doch noch gelungen, ihn zu erreichen, ihn zum Nachdenken zu bringen und schließlich umzustimmen. Es wurde zwar eine schwere Herzkranzgefäßverkalkung festgestellt, aber einen Herzinfarkt hat er bis jetzt noch nicht erlitten, er hat aber inzwischen sein Leben völlig umgestellt.
Fragen Sie sich nun einmal selbst, wie gut es Ihnen gelingt, nein zu sagen. Können Sie leicht explodieren, aus-

flippen, wenn Sie jemand ärgert, oder drücken Sie nicht eher alles weg, bleiben Sie beherrscht? Wie gut können Sie zugeben, nicht mehr leisten zu können und sagen, daß Ihnen alles zuviel geworden ist? Wie gut können Sie Mitmenschen um Hilfe und Unterstützung bitten? Denken Sie nicht zuviel, eigentlich ununterbrochen für andere mit und im voraus, beziehen Sie ständig deren Wünsche in Ihre Gedanken mit ein, haben für alles Verständnis und ordnen damit Ihre Wünsche denen der anderen unter? Wie fühlen Sie sich, wenn sie einmal eine Hilfeleistung abschlagen, wenn Sie einfach einmal faul sind und nichts tun?

Eine Patientin, Typ Angst vor Schwäche, fragte allen Ernstes: »Doktor, ist ein Mittagsschlaf wirklich eine Sünde?« Und eine an einer chronischen Leukämie erkrankte Patientin gab dieses Bild von sich: »Ich sehe mich immer als jemanden, der ganz allein einem zu Tal rollenden, führerlosen Leiterwagen rettend in die Speichen greifen muß. Ja, Herkules ist so ein Leitbild für mich!«

Den Menschen mit Angst vor Schwäche ist nicht bewußt, daß sie ihre Partner in tiefste Hoffnungslosigkeit stürzen: »Ich habe zu Hause nichts mehr angefaßt«, weinte eine Patientin, »meine Mutter (Typ Angst vor Schwäche) wußte ja doch alles besser. Alles, was ich machte, war falsch, ich konnte mich noch so anstrengen. Oder wenn ich doch mal was tun wollte, so hatte sie schon alles erledigt. Und dann natürlich so, wie ich es gerade nicht gewollt hatte. Verstanden habe ich mich nie gefühlt!«

Eine andere Patientin berichtete über ihren Mann, Typ Angst vor Schwäche: »Wir waren im Urlaub am Meer. Da gab es auch die Möglichkeit, Wasserskifahren zu lernen. Mein Mann, der so etwas noch nie gemacht hatte, stellt sich drauf und bleibt oben, läßt sich gleich eine Viertelstunde übers Wasser ziehen. Was der Kerl anfaßt, das kann er auch gleich. Mich macht das mehr und mehr fertig!«

In der Therapie versuche ich geduldig und behutsam, den Menschen mit Angst vor Schwäche zu zeigen, daß gerade ihre Stärke abstoßend, deprimierend wirkt. Ein nicht leichtes Unterfangen, da, wie schon gesagt, unsere Gesellschaft gerade Stärke prämiiert.

»Möchten Sie Herkules liebevoll in den Arm nehmen?« frage ich dann ironisch. »Natürlich nicht, der braucht das doch gar nicht, der kommt allein zurecht«, erwiderte hierauf ein starker Patient, und dann ging ihm ein Licht auf. Nicht Stärke, sondern *Schwäche löst Liebe aus.* Einen Säugling, dieses schwache Wesen, nehmen wir reflexartig in den Arm und drücken ihn liebevoll, nicht aber einen Athleten, an dem die einzelnen Muskelstränge hervorquellen!

Eine vierundzwanzigjährige, magersüchtige Patientin (176 cm, 42 kg) wußte zu erzählen: »Vor vier Jahren wollte ich mich von meinem Freund trennen. Neben ihm hatte ich einfach keine Chance. Sicher, er tat alles für mich, dachte für mich, sprach für mich. Ich wurde mehr und mehr zum Nichts. Deshalb wollte ich weg von ihm. Da baute er damals einen schweren Verkehrsunfall, ein Wunder, daß er überlebte. Wie er nun, aus dem Krankenhaus entlassen, so bandagiert und hilflos im Bett lag und ich endlich mal etwas für ihn tun konnte, er meine Hilfe brauchte, da wurde es mir wieder ganz warm ums Herz, ich blieb bei ihm!«

In der Abbildung 3 möchte ich nun auf den Menschentypus eingehen, der es ununterbrochen nötig hat, zu hetzen. Er entspricht in etwa dem Idealtypus in unserem Verwaltungs- beziehungsweise Bürokratiesystem.

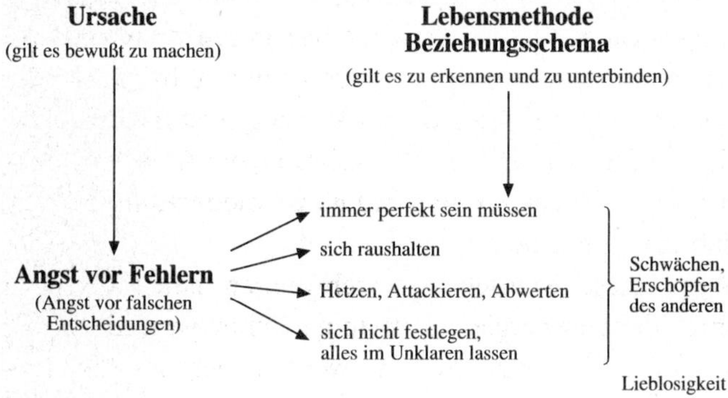

Versagen (Eingestehen von Fehlern) löst Hoffnung aus

Der agile Bürokrat, der sich am wohlsten in der Gruppe fühlt, der Entscheidungen und Verantwortungen wie die Pest meidet, alles im unklaren läßt, sich nicht festlegt und dies alles, um bloß keine Fehler zu machen. Mit großem Einsatz verficht er, als wirklich treuer Gefolgsmann, eine Lehre oder Ideologie, die ihm von der Gruppe, einem Anführer oder einer übergeordneten Macht vorgegeben wurde. Passiert es ihm nun eines Tages, daß ihn, trotz aller Abschottungsmaßnahmen, Nachrichten erreichen, die sein bisheriges Weltbild in Frage stellen, das heißt, er könnte einen Fehler gemacht haben, so wird er Himmel und Hölle in Bewegung setzen, um die neuen Botschaften zu unterbinden.

Hinter dieser häufig aggressiven Strategie, immer perfekt sein zu müssen, immer die richtige Weltsicht zu vertreten oder aber sich aus allem herauszuhalten, steckt eine tiefe Angst vor Fehlern, eine alles bestimmende Angst vor dem Gefühl, irgendwo falsch zu liegen, die Erwartungen der anderen nicht erfüllt zu haben, schuldig zu sein! Und auch dieses Verhalten ist nicht freiwillig, sondern aus dem Zwang geboren, die Angst vor Fehlern, vor falschen Entscheidungen niederzuhalten, unfühlbar zu machen.

Auch diese Menschen verschwenden einen Großteil ihrer Lebensenergie für einen aussichtslosen, nie enden wollenden Kampf. Auch sie werden nicht zu ihrer Bestimmung gelangen, das Leben wird umsonst gelebt sein. Aus einem hohen Richter, Typ Angst vor Fehlern, brach es eines Tages mit größter Verzweiflung hervor: »Die Pension ist bald in Sicht, und ich habe den Eindruck, das Leben ist mir wie Sand zwischen den Fingern zerronnen. Die Erde hat sich unter mir weiter- oder weggedreht, und ich war nicht dabei!«

Angst-vor-Fehler-Patienten pflege ich ebenfalls das Beispiel mit dem Neubaugebiet zu erzählen, allerdings mit abgewandelter Pointe: »So, wie ich Sie jetzt kennengelernt habe, darf ich davon ausgehen, daß ich Sie vorwiegend in der Baubude vorfinde, mit anderen über die Vor- und Nachteile von Ytong-Steinen diskutierend, während der liebe Nachbar an Ihrem Haus weiterbaut! Sie haben die große Fähigkeit, andere für sich zu begeistern!«

Der Nachteil für einen solchen Menschen wird nur sein, daß er kaum selber einmal einen Hohlblock in die Hand genommen hat, er wird seine in ihm schlummernden Fähigkeiten und Möglichkeiten nie erfahren.

»Wo der Hund mit dem Schwanz wedelte«, war sie (Typ Angst vor Fehlern) mit von der Partie. Sie eilte von Theatervorstellung zu Theatervorstellung, ließ kein Konzert aus, war bekannt auf allen Vernissagen, war ein fester Bestandteil aller Feste in ihrem großen Bekanntenkreis. »Doktor, ich fühle mich so leer und ausgebrannt. Jetzt suche ich doch mitmenschliche Kontakte wie verrückt, *nehme überall daran teil,* und es bringt mir letztendlich nichts!« Sie konnte nicht sehen, daß sie als »Trittbrettfahrerin« an Aktivitäten teilnahm, die andere arrangiert hatten, für die andere die Verantwortung trugen.

Wiederum hat aber auch hier nicht nur der Betreffende, der Mensch mit Angst vor Fehlern, unter seinem Beziehungsschema, unter seiner Lebensmethode zu leiden, sondern auch sein Partner – wenn er dies zuläßt – wird ebenfalls eines Tages Schaden nehmen müssen. Indem der Mensch mit Angst vor Fehlern – um eben keine Fehler zu machen – sich eher heraushält, aktiviert er andere für sich. Diese müssen dann mehr tun, als sie ei-

gentlich tun wollten. Sie werden immer wieder über ihre Grenzen hinausgehen müssen, sie dürfen nicht schwach sein. Wenn ein Mensch mit Angst vor Fehlern die Leistungen anderer mittels Hetzen, Attackieren, Abwerten mindert, fühlen diese sich, wenn sie den Mechanismus nicht durchschauen, veranlaßt, noch mehr zu tun. Da ein solcher Mensch alles im unklaren läßt, sich nicht festlegt, sich nicht zu erkennen gibt, bedeutet dies für die Umwelt wieder eine um so größere Anstrengung, nun endlich herauszukriegen, wo es »langgehen« soll.
Bemüht sich ein solcher Mensch um eine übergroße Perfektion, setzt er beispielsweise sehr viel Zeit ein, um etwas perfekt zustande zu bringen, so müssen derweil die Umstehenden die anderen anfallenden Dinge erledigen. Sie müssen also wieder mehr tun, als sie eigentlich möchten, sind wiederum gezwungen, kräftemäßig über ihre Verhältnisse zu leben.
Insgesamt vermittelt ein Mensch mit Angst vor Fehlern seiner Umwelt: »Es ist zuwenig, was ihr für mich tut!« Daher bewirken alle hier aufgezeigten Strategien eines Menschen mit Angst vor Fehlern bei seinen Mitmenschen auf Dauer Schwächung und Erschöpfung. Sein Verhalten muß bei seinen Mitmenschen als Lieblosigkeit interpretiert werden.
Hinzu kommt, daß diese Leute nur sehr ungern Kritik hören, was wiederum auch verständlich ist, denn dann hätten sie ja einen Fehler begangen. Es gilt aber der Satz: »Wer sich nicht in Frage zu stellen vermag, ist bereits gestorben. Er weiß es nur noch nicht!« Konstruktiv formuliert gilt die Weisheit, daß Lernen einen Men-

schen jung erhält, und Lernen setzt Kritikfähigkeit voraus.
Auch hier möchte ich Ihnen einen idealtypischen Menschen mit Angst vor Fehlern vorstellen, möchte ich Ihnen zeigen, wie die Dynamik eines solchen Menschen auf mich wirkt.
Völlig verzweifelt kommt eine meiner Mitarbeiterinnen zu mir in das Sprechzimmer geeilt: »Da draußen sitzt eine neue Patientin, die ist einfach so reingeschneit, ohne Termin, ohne Unterlagen, sie besteht darauf, den Doktor sprechen zu dürfen. So, wie sie aussieht, hat sie sicher nichts Ernstes, aber sie läßt sich keinen Termin für später geben, wo wir Zeit hätten.«
»Nun denn«, grummle ich vor mich hin, meine aufkommende Verärgerung runterwürgend, »wollen wir unser Bestellsystem nicht zu Tode reiten. Ich schau' mir die Frau mal an!«
Draußen sitzt eine attraktive Frau, große, braune Augen, ein sanftes Lächeln spielt um ihre Lippen, man möchte sie liebevoll in den Arm nehmen. Gleichzeitig aber ist eine angespannte, drohende Ausstrahlung wahrzunehmen: »Komm mir nicht zu nahe!«, sie würde es mir wohl sehr übelnehmen, wenn ich ihrer Einladung, sie schwaches Wesen zu stützen, folgen und den Arm um ihre Schulter legen würde. Zögernd folgt sie mir ins Sprechzimmer. »Beeil dich doch ein wenig«, geht es mir durch den Kopf. »Wenn du schon dazwischenplatzt und mich so unter Zeitdruck setzt, könntest du zumindest etwas Tempo zulegen!« Ich fühle, daß ich zunehmend über Gebühr strapaziert werde, diese Frau muß wohl ein

Typ Angst vor Fehlern sein: Neue Situationen bergen die Gefahr der größeren Fehlermöglichkeiten in sich, also ist es besser, erst einmal langsam und vorsichtig da hineinzugehen.
Gerade will ich mich setzen, als ich bemerke, daß sie die Tür sperrangelweit offengelassen hat (sich raushalten). Ich gehe also nochmals zurück, schließe die Tür, und will nun fragen, was sie zu mir führt. »Haben Sie vielleicht ein Taschentuch für mich, meine Augen tränen so?« Gut, auch dies, nun kann es vielleicht losgehen. »Ja, Doktor, das ist bei mir sicher nicht einfach, mein früherer Arzt, der hat das ja auch nicht rausgekriegt. In meinem Kopf, da drückt es hin und wieder so, so Schmerzen, ich weiß nicht.« – »Sind das halbseitige Kopfschmerzen, vielleicht verbunden mit Lichtempfindlichkeit und Übelkeit?« möchte ich wissen. »Ja, mein Magen, der macht mir auch schon seit langem Kummer, ich kann kaum mehr etwas essen.« – »Dann müßten Sie an Gewicht verloren haben, wenn Sie seit längerem nur noch wenig essen können. Ist Ihr Magen schon mal geröntgt worden?« möchte ich wissen. »Um Gottes willen, bloß nicht röntgen! Letzthin wurde schon die Galle geröntgt, die Ärzte passen ja überhaupt nicht auf mit dieser Strahlenbelastung!« – »Also, Ihre Kopfschmerzen ...« – »Wissen Sie, Doktor, mit meinem Unterleib, da ist auch was nicht in Ordnung«, fährt sie mir über den Mund, »aber da bin ich ja wohl falsch bei Ihnen, Sie sind ja nur Internist!«
Was muß diese arme Frau wohl von ihrer Mutter überbehütet, überkontrolliert worden sein, daß sie es heute so nötig hat, sich rauszuhalten, zu hetzen/abzuwerten

und alles im unklaren zu lassen, geht es mir durch den Kopf. Also erst einmal Struktur in das Gespräch hineinbringen, sonst sitzen wir heute abend noch ohne Ergebnis, denke ich, mache mir Mut und schlage vor: »Ich sehe, daß Sie im Augenblick nicht lebensbedrohlich erkrankt sind. Übermorgen habe ich für Sie einen Termin für eine gründliche Untersuchung frei, wäre Ihnen das recht?« – »Das kann ich noch nicht sagen, da muß ich zu Hause erst noch mal auf meinen Terminkalender schauen!« – »Gut, ich schreibe Sie bei mir ein. Übermorgen, früh um acht Uhr. Wenn Sie zu Hause feststellen, daß Ihnen dieser Termin ungelegen ist, so rufen Sie doch bitte an. Außerdem wäre es sehr lieb von Ihnen, wenn Sie alle Unterlagen der Voruntersuchungen mitbringen könnten.«

Entsetzt schaut sie mich an: »Lieber Doktor, Sie können doch sicher bei meinen früheren Hausärzten anrufen und die Papiere anfordern, so von Kollege zu Kollege geht das doch viel besser!« Ich gehe darauf nicht ein, begleite sie nach draußen, noch den letzten Tritt einsteckend: »Doktor, daß man über eine Treppe in Ihre Praxisräume muß, ist aber gar nicht gut, stellen Sie sich einmal vor, die alten Leute!« – »Ich traue Ihnen zu, daß Sie die fünf Stufen schaffen!« kann ich ihr nur noch lachend erwidern.

Fragen Sie sich nun einmal selbst, wie leicht Sie Verantwortung für andere übernehmen, sich für andere engagieren. Tun Sie sich leicht mit Entscheidungen, treffen Sie diese gern allein, oder fragen Sie erst einige Mitmenschen um Rat? Wie empfinden Sie Kritik, vor allem un-

gerechtfertigte? Neigen Sie dazu, unbeherrscht zu sein, wenn jemand Sie angreift? Wenn Sie jemand kritisiert, beflügelt Sie das zu weiterer Arbeit oder lähmt Sie das? Legen Sie mehr Wert auf Qualität beziehungsweise Perfektion bei Ihrer Arbeit, oder ist Ihnen die Quantität wichtiger, wobei dann einige Schnitzer vorkommen? Wenn Sie in Schwierigkeiten stecken, hilft es Ihnen dann, wenn Sie an zukünftige, schönere Zeiten denken, oder befällt Sie eher Hoffnungslosigkeit? Wie fühlen Sie sich dabei, wenn Sie Fehler gemacht haben und dies öffentlich bekannt wird? Kennen Sie von sich die Neigung, zu hetzen, die Leistungen anderer abzuwerten, zu verkleinern, Ihre gemachten Fehler zu verschleiern?
Sich selber zu verstehen, zu erkennen ist sicher oft sehr schwierig, daher möchte ich Ihnen noch eine andere Hilfe anbieten: Überprüfen Sie doch einmal, auf welche Aggressionsform Sie empfindlicher sind. Reagieren Sie allergisch, wenn Ihr Gegenüber unerschütterlich beherrscht ist, Ihnen alles und jedes abnimmt, dauernd für Sie vordenkt, alles besser weiß und Sie im unklaren über seine Wünsche läßt? Dann liegt der Verdacht nahe, daß Sie zum Typus Angst vor Fehlern gehören.
Oder nervt es Sie über die Maßen, wenn Ihr Partner dauernd Ihre Leistungen verkleinert, sich kaum für etwas engagiert, sich nur schwer entscheidet, für jede Tätigkeit enorm viel Zeit verbraucht, weil er alles bis zur Perfektion treibt, oder weil er nirgendwo zu fassen ist und damit weder seine Meinung noch sein Standort zu erfahren sind? Dann dürften Sie zum Typus Angst vor Schwäche gehören.

Immer wieder ist es mir wichtig, zu betonen, daß keiner der beiden Menschentypen, weder der Typus Angst vor Schwäche noch der Typus Angst vor Fehlern, besser oder schlechter als der andere ist! Beide wissen ihre Mitmenschen und Partner zu treffen, zu schädigen. Es ist wirklich keine Ehre, ins Lager derjenigen mit Angst vor Schwäche zu gehören, auch wenn die Strategien dieser von unserer westlichen Gesellschaft hochbelobigt und finanziell gewürdigt werden.

Auch sehe ich immer wieder, daß in einer Partnerschaft die Menge der Aggressivität auf beiden Seiten gleichmäßig verteilt ist. Ich kann dies sicher nicht in Gramm und Zentimeter messen, aber ich erfahre immer wieder, wie sich die Feindseligkeit ausgewogen auf beiden Seiten gleichmäßig verteilt.

Nehmen wir an, ein Mann durfte in seiner Jugend sehr viel von seiner Emotionalität leben und besitzt somit sehr wenig Aggressivität, so wird er sich eine Partnerin suchen, die ebenfalls arm an Giftigkeiten ist. Wurde er dagegen massiv gezwungen, immer wieder etwas anderes nach außen erscheinen zu lassen, als tatsächlich in ihm vorging, so wird er sich jetzt – entsprechend seiner hohen Aggressivität – eine Frau aussuchen, die ihm in ihrer Aggressivität in nichts nachsteht. Man hat sich einst exakt in den Partner verliebt und ihn dann auch geheiratet, den man verdient hat.

Bestätigt finde ich diese Erkenntnis immer wieder bei Menschen, die zum zweiten- und drittenmal geheiratet haben. Der neue Partner/die neue Partnerin mag jetzt grüne statt blaue Augen haben und lockiges statt glattes

Haar – das Beziehungsmuster und die Höhe der Aggressivität ist die gleiche. Ein Mensch mit Angst vor Schwäche wird also immer auf einen Partner mit Angst vor Fehlern »abfahren« und umgekehrt, und entsprechend den eigenen Spitzen wird der neue Partner wieder die gleiche Menge an Aggression mitbringen. Es sei denn, der eine hätte über eine geeignete Therapie gelernt, seine ihm spezifische Angst in den Griff zu bekommen. Dann wird er sich eines Tages eine(n) Partner(in) mit weniger Aggressionen »verdienen«.

Ich möchte Ihnen noch einmal Mut zur folgenden Probe machen: Nehmen wir an, Sie haben durch die vorhergegangenen Seiten erkannt, daß Sie ins Lager der Menschen mit Angst vor Schwäche gehören und daß demnach Ihr Partner auf der Seite derer mit Angst vor Fehlern zu finden ist. Gehen Sie nun im Geiste einmal alle Ihre früheren, gegengeschlechtlichen Freunde(innen), Partner(innen) durch. Sie werden entdecken, daß sie alle, ohne Ausnahme, der Struktur Ihres jetzigen Gefährten entsprechen und zum Typ Angst vor Fehlern gehören. Sie werden feststellen, daß Sie bisher an allen potentiellen Lebensgefährten vom Typ Angst vor Schwäche – wie Sie selber einer sind – achtlos vorübergegangen sind.

Zwei Erklärungen bieten sich für dieses Phänomen an: Als Typus Angst vor Schwäche sind Sie ja darauf angewiesen, sich überzuengagieren, Verantwortung an sich zu ziehen. Nun versuchen Sie dies einmal mit einem anderen Menschen mit Angst vor Schwäche, der will sich ja auch besonders um Sie kümmern. Ihre Strategie paßt

also wirklich nur zu einem Menschen mit Angst vor Fehlern. Nur der ist froh, wenn ihm jemand Entscheidungen abnimmt und er sich heraushalten kann.
Eine zweite Erklärung sehe ich darin, daß ein jeder dieser beiden »Typen« sich selbst zutiefst ablehnt: Beide sind mit ihren ihnen anerzogenen Ängsten – unbewußt – unzufrieden oder gar unglücklich und möchten diese Fesseln im Verhalten so schnell wie möglich loswerden. Ein Angst-vor-Schwäche-Typ beispielsweise kann einen anderen Angst-vor-Schwäche-Typ nicht attraktiv finden, da er sich in diesem anderen selbst ablehnt.
Wesentlicher aber erscheint mir noch eine weitere Konsequenz: Ist ein Mensch nicht in der Lage, sein gesamtes, ihm von der Natur mitgegebenes Repertoire an Emotionen zu leben, so muß ihn dies unwillkürlich unter Anspannung setzen. Diese Anspannung, entstanden durch das Auseinanderhalten von Innen und Außen (der Gesichtsausdruck etwa bleibt gelassen, während im Körper eine berechtigte Wut kocht), kann nur in Form von Aggression gelöst werden. Dieses, wie ich es nenne, *emotionale Lügen* hat nicht nur nach außen negative Konsequenzen, sondern wirkt auch schädigend auf den Betroffenen zurück.
Jedesmal, wenn ich nach außen etwas anderes zeige, als tatsächlich in mir vorgeht, demontiere ich mein Selbstbewußtsein wieder ein Stückchen mehr.
Einige Beispiele: Ich habe – für mein Dafürhalten – genügend gearbeitet, da bittet mich mein Nachbar, gleich jetzt, sofort an seinem Umbau mitzuhelfen. Eigentlich

möchte ich schwach sein, mein Gefühl der Schwäche leben dürfen, daher nichts mehr tun wollen, aber die Angst vor Schwäche zwingt mich, stark zu sein! Lächelnd folge ich meinem Nachbarn auf seine Baustelle – und bin wieder ein Stück unsicherer geworden, mag mich nicht leiden, weil ich mich selber verraten habe.
Oder: Ich möchte ein Straßenfest für meinen Wohnbereich planen und organisieren. Völlig aufgeregt weist mir mein Ehepartner nach: »Hast du denn nicht bedacht, daß inzwischen die Gastwirte am Ort rebellisch geworden sind, sie befürchten Umsatzverluste durch privat organisierte Feste! Unser Nachbar XY wird wegen der Lärmbelästigung sicher die Polizei rufen, und bei dem schlechten Wetter in diesem Sommer wird es garantiert an diesem Wochenende aus Kübeln schütten!« Eigentlich möchte ich die Veranstaltung verantwortlich durchführen, aber die in mir schlummernde und jetzt von meinem Partner aktivierte Angst vor Fehlern läßt mich zurückschrecken. Entgegen meinem innersten Wunsch, zu spielen, zu experimentieren, Verantwortung zu suchen und dabei auch Fehler zu machen, sage ich höflich lächelnd das Unternehmen ab – und bin wieder ein Stück unsicherer geworden, mag mich nicht leiden, weil ich mich selber verraten habe!
Wie soll sich ein solcher Mensch, der zu sich selbst nicht gut ist, annehmen, sich liebhaben? Es ist nun, wenigstens kurzfristig, eine entlastende Strategie, Dinge, die in einem nicht in Ordnung sind, bei anderen zu sehen, also anderen Dinge anzukreiden, mit denen man selber im Clinch liegt.

Wenn Sie nun also bisher achtlos an Menschen aus Ihrem Lager, beispielsweise an Menschen mit Angst vor Schwäche, vorbeigegangen sind, so heißt dies nichts anderes, als daß Sie sich selbst in diesen Mitmenschen abgelehnt haben. Sie fanden bisher diese uninteressant bis widerwärtig, da aber diese Menschen Ihnen sehr ähnlich sind, heißt das übersetzt, daß Sie sich selbst abgelehnt, nicht gemocht haben!
Einen Test für eine langsame Genesung sehe ich dann folgerichtig darin, wenn Sie sich für einen Menschen vom anderen Geschlecht »Ihre Fraktion«, das heißt Angst vor Schwäche, interessieren. Wenn Sie einen Menschen mit der gleichen psychologischen Struktur wie der Ihren akzeptieren lernen, dürfen Sie sich sagen: »Jetzt beginne ich, mich liebzuhaben, jetzt fange ich an, mich selber anzunehmen!« Sie werden in diesem Moment erfahren, welche Gelassen- und Zufriedenheit, welches Glück Sie auf einmal durchströmt.
Hiermit bin ich bei einer Einsicht angelangt, die zu akzeptieren ich mich lange gewehrt habe, denn natürlich bin auch ich durch unsere Kultur geprägt und springe daher nur ungern aus gewohnten Gleisen. Bereits von Kindesbeinen an wird uns zum Beispiel in Märchen und Legenden beigebracht, daß Zuneigung, Liebe, Verliebtsein etwas Wunderschönes ist, zu den wichtigsten Dingen in unserem Leben gehören. Des Ritters Herz entflammt urplötzlich beim Anblick einer ihm bisher unbekannten Prinzessin. Ihretwegen stürzt er sich in viele gefährliche Abenteuer, nimmt jede Last und Mühe auf sich, gefährdet und verliert sogar sein Leben. Dies alles

nur, weil die Liebe ihn wie ein Blitz aus heiterem Himmel überfallen hat. Nicht zu Unrecht heißt es im Englischen: »To fall in love«! Natürlich ist auch unsere Prinzessin nicht untätig. Obwohl sie weiß, daß ihr fürstlicher Papa für sie einen ganz anderen Gemahl ausgesucht hat, schmuggelt sie Liebesbriefchen aus dem Schloß, und am Ende seilt sie sich gar an einem Bettlaken aus dem hohen Turmfenster ab, um bei Nacht und Nebel mit ihrem Geliebten zu entfliehen.
Von der Försterliesl, die endlich von einem stattlichen Jägersmann nach Hause geführt wird, bis hin zu Goethes »Werther« ist die Literatur voll von beispielhaften, ergreifenden Liebesgeschichten. Hier anderer Meinung zu sein, zweifelnd die Hand zu heben, löst Ängste aus. Trotz des zu erwartenden, heftigen Protestes sei folgendes gesagt:
Wurde man in der Jugend eher sich selbst überlassen, mußte man zu früh allein zurechtkommen, stark sein, wurde man ausgelacht oder in einer anderen Weise bestraft, wenn man Schwäche zeigte, so entwickelt man die Strategien eines Menschen mit Angst vor Schwäche. Diese Lebensmethode paßt, wie bereits gezeigt, nur zu einem Menschen mit Angst vor Fehlern. Aber im Innersten bleibt eine riesengroße Sehnsucht: So schlecht kann die Welt doch gar nicht sein, einmal muß es doch endlich eine Erlösung geben, muß es schön werden, muß Liebe und Harmonie zu erreichen sein?! Wie ein Verdurstender in der Wüste Wasser herbeisehnt, so lechzt der Mensch mit Angst vor Schwäche danach, einmal in den Arm genommen, liebgehabt zu werden, *ohne* eine Lei-

stung erbracht zu haben! Schwach sein zu dürfen, und dennoch gerade dann akzeptiert zu werden!
Andererseits wartet ein Mensch mit Angst vor Fehlern mit tiefster Sehnsucht darauf, einmal, und gerade dann, wenn er einen Fehler gemacht hat, in den Arm genommen zu werden. Unvollkommen sein zu dürfen, mit Fehlern akzeptiert zu werden ist sein Traum. Taucht nun ein gegengeschlechtlicher Partner am Horizont auf, der am genauesten der psychologischen Struktur des eigenen Haupterziehers entspricht, durch den also die eigenen Hoffnungen entstanden sind, so flammt auf einmal die Jugendsehnsucht auf: Jetzt, vielleicht bei oder mit diesem Menschen wird endlich alles gut! Unbewußt hatte man in der Jugend ja schon immer gehofft, entweder ohne Leistung oder mit Fehlern akzeptiert zu werden. Vergeblich! Diese in der Kindheit nie erfüllte Sehnsucht springt jetzt im Erwachsenenleben an, wenn man intuitiv einen Partner wittert, der dem Haupterzieher sehr ähnlich ist. Dies ist, so die Erkenntnis, dann der Gefühlszustand, den wir Verliebtsein nennen!
Welch ein Irrtum! Ein Mensch mit Angst vor Schwäche darf von einem Partner mit Angst vor Fehlern nie und nimmer erwarten, daß sich dieser zuverlässig und verantwortlich für ihn engagiert, denn nur dann könnte er sich einmal ausruhen, schwach sein dürfen. Anzeichen von Schwäche müssen naturgemäß bei einem Menschen mit Angst vor Fehlern Panik auslösen. Wenn der andere sich nicht mehr überengagiert, käme es jetzt ja auf ihn zu, selbst etwas zu tun, Fehler machen zu müssen!
Umgekehrt darf ein Mensch mit Angst vor Fehlern von

einem Partner mit Angst vor Schwäche nie und nimmer erwarten, daß dieser sich zurücknimmt, nicht mehr alles besser weiß, denn nur dann könnte er endlich einmal in eigener Verantwortung durch Versuch und Irrtum seine in ihm schlummernden Fähigkeiten erproben und trainieren. Dann würde endlich Hoffnung in ihm entstehen. Anzeichen von Unvollkommenheit, Fehler begehen, lösen bei einem Menschen mit Angst vor Schwäche Panik aus. Er müßte es ja aushalten lernen, tatenlos zusehen zu müssen, nicht mehr gefragt zu sein. Dies würde für ihn bedeuten, nicht mehr geliebt zu werden, ein Zustand, den er nicht aushalten kann, da er ja Liebe bisher nur erfahren hat, indem er sich nützlich gemacht hat.

Tragisch ist auch, daß beide mit falscher Münze bezahlen. Jeder gaukelt dem anderen vor, die Sehnsucht zu erfüllen, und kann zuletzt dann dieses Versprechen aufgrund der eigenen Ängste doch nicht halten. Um nicht selber Fehler machen zu müssen, hat ein Mensch mit Angst vor Fehlern – absolut korrekt und sinnvoll – die Fähigkeit entwickelt, andere für sich zu begeistern. Denn gelingt es ihm, andere zu motivieren, für ihn verantwortlich zu handeln, machen *sie* die Fehler und nicht er. Am leichtesten ist dieses Ziel zu erreichen, indem er sich schwach gibt. Große, runde, hilflose Kulleraugen, liebreizende, aber leicht ungeschickte, zögernde Bewegungen lösen in jedem Menschen – insbesondere im Menschen mit Angst vor Schwäche – Zuwendung, Liebe aus.

Menschen mit Angst vor Schwäche fehlinterpretieren ein solch holdes Bild so, daß sie glauben, hier gäbe es die

langersehnte Liebe. Sie meinen, hier sei ein Mensch, bei dem man sich einmal ausruhen kann, wo man dabei nicht vernichtet wird. Immer wieder aber müssen sie erfahren, daß eben gerade dieser Partner in Notsituationen selten oder aber gar nicht zur Stelle ist. Sie werden wieder auf ihr Stark-sein-Müssen zurückgeworfen.
Da Menschen mit Angst vor Schwäche Zuneigung, Gestreicheltwerden in ihrer Jugend wenig erfahren haben, neigen sie auch dazu, ihren Partner zu dicht, zu eng an sich binden zu wollen. Hiermit lösen sie in ihrem Mitmenschen, einem Typ mit Angst vor Fehlern, eine unüberwindbare Furcht vor allzu großer Nähe aus, denn die Mutter war diesem ja schon dauernd auf den Fersen gewesen, hatte sich ihm zu dicht aufgedrängt und ihm dabei immer wieder Fehler, Fehlentscheidungen nachgewiesen. Wie die Motte vom Licht angezogen wird, dann sich aber bei zu großer Nähe die Flügel verbrennt, so bekommt ein Mensch mit Angst vor Schwäche »eins auf die Pfoten«, wenn er bei seinem Partner, Typ Angst vor Fehlern, eine zu enge Umarmung sucht. Er muß bitter erfahren, daß ein Mensch mit Angst vor Fehlern sich nur selbst liebt, nach außen aber gehindert ist, etwas abzugeben, für den anderen Verantwortung zu übernehmen.
Im folgenden wird der Konflikt aus der Sicht eines Menschen mit Angst vor Fehlern beschrieben: Um nicht schwach zu erscheinen, hat ein Mensch mit Angst vor Schwäche die Fähigkeit entwickelt, sich für andere zu begeistern. Am leichtesten ist dieses Ziel durch Stärke, Beherrschung und durch Überengagement zu erreichen.

Nur wer Hoffnung in sich hat, wird motiviert sein, Dinge zu unternehmen, von einer Aufgabe zur nächsten zu gehen. Dies sieht ein Mensch mit Angst vor Fehlern, und es unterläuft ihm folgende Fehlinterpretation: Da ist einer, der etwas unternimmt, der sich durch kein Fehlermachen abschrecken läßt, er muß also von Hoffnung getrieben sein. Wenn er soviel Hoffnung in sich hat, so muß mit Sicherheit auch Hoffnung für mich abfallen. Wenn er sich Fehler erlaubt, so wird er auch mich mit meinen Fehlern akzeptieren, hier darf ich unvollkommen sein! Hier darf ich ungehindert experimentieren, Fehler machen, hier werde ich endlich Hoffnung erfahren.

Welch fataler Irrtum! Ein Mensch mit Angst vor Schwäche ist ja gerade darauf angewiesen, Unvollkommenes, Probleme zu sehen, denn wo sollte er sonst mit seinem Sichkümmern bleiben. Ein Mensch mit Angst vor Schwäche wird von Hoffnung vorangetrieben. Indem man ihn in seiner Jugend mehr sich selbst überließ, konnte er ungehindert im Sinne von Versuch und Irrtum experimentieren, er erzielte dadurch Erfolge, was wiederum das Gefühl der Hoffnung verstärkte.

Es ist wichtig, noch einmal darauf hinzuweisen, daß sämtliche Sinneseindrücke, Empfindungen und Gefühle in frühester Jugend nur als Anlagen in uns vorhanden sind. Ob sich diese inneren Meßfühler auch korrekt und sinnvoll entwickeln, hängt entscheidend von der Umwelt, von den Erziehern ab. Hat ein Kind Grund zur Freude, so wird es dieses Gefühl aber erst dann sicher leben können, wenn seine Eltern ebenfalls freudig reagieren. Wird einem Kind etwas zugetraut, läßt man es in eigener Verantwortung Erfahrungen sammeln, erst dann wird in ihm das Gefühl der Hoffnung entstehen (»Das nächste Problem werde ich sicher auch mit Erfolg hinter mich bringen!«).

Demnach hat zwar ein Mensch mit Angst vor Schwäche, zumindest über lange Zeit, Hoffnung in sich, aber um sich herum kann er dieses Gefühl nicht entstehen lassen – im Gegenteil: Würde er anderen etwas zutrauen, würde er Spontaneität um sich herum aufkommen lassen, wäre er ja zum Nichtstun gezwungen; er müßte schwach sein. Auf eine Kurzformel gebracht läßt sich die Problematik dieser hier vorgestellten beiden Menschentypen so darstellen:

Ein Mensch mit Angst vor Fehlern täuscht Liebe vor, er macht glauben, er würde sich um einen anderen kümmern, dabei kann er nur sich selbst lieben, sich mit sich selbst beschäftigen. Ein Mensch mit Angst vor Schwäche täuscht Hoffnung vor, er macht glauben, er würde Hoffnung in einem wecken, dabei lebt er nur selbst von der Hoffnung und verbreitet durch seine Besserwisserei und durch sein Überengagement Hoffnungslosigkeit.

So schön all die Erregungen, die das Verliebtsein auslöst, sein mögen, so nachdenklich machen mich die Konsequenzen: Ein über Verliebtsein gewonnener Partner muß mir unweigerlich, bis an mein Lebensende, die gleichen Schläge versetzen, wie ich sie schon von Kindesbeinen an bekommen habe! Ich denke an ein altes Ehepaar, er siebenundachtzig, sie vierundachtzig Jahre alt. Er ist Typ Angst vor Schwäche, sie ist Typ Angst vor

Fehlern. Sie liegt den ganzen Tag im Bett, obwohl sie leicht noch etwas tun könnte. Er versorgt das gesamte und nicht zu kleine Haus, einschließlich Garten. Obwohl er ständig auf Achse ist, sämtliche Einkäufe besorgt, für das finanzielle und versicherungstechnische Management der Familie zuständig ist, beschimpft sie ihn andauernd wegen seiner Faulheit oder meint, daß das bißchen Hausarbeit ja nicht der Rede wert sei. Er wiederum winkt geringschätzig lächelnd ab, wenn sie mir etwas erzählen will: »Die hat ja keine Ahnung, das kann man ja nicht ernst nehmen, was die Frau da schwätzt!« Beide sind verzweifelt und beklagen sich: »Womit haben wir in unserem hohen Alter eine solche Hölle verdient?«

Finden sich zwei Menschen über Verliebtsein zusammen, so besitzt ein jeder über sein ihm eigenes Aggressionsmuster den passendsten Schlüssel zur Verletzlichkeit des anderen. Im Verlauf einer Partnerschaft schaukeln sich nun die gegenseitigen Aggressionen hoch, bis entweder eines Tages die Partnerschaft auseinandergeht oder aber einer von beiden sich in eine Krankheit »rettet«.

Aus meinem Blickwinkel als Arzt kann ich diesen Mechanismus immer wieder sehen. Ob diese gegenseitige Aggressivität auch irgendwie etwas Positives in sich birgt, den Menschen etwas Nützliches bringt – ich weiß es nicht. Ich habe dies jedenfalls noch nicht beobachten können, was natürlich nicht heißt, daß es nicht doch vorkommen könnte.

Da die Natur bevorzugt mit Gegensatzpaaren arbeitet: Hoch – tief, laut – leise, männlich – weiblich, ist es theoretisch denkbar, daß auch diese hier entdeckten Antagonismen lebensnotwendig sind. Durch Gegensatzpaare wird Spannung erzeugt, dies macht, wie wir heute annehmen dürfen, das Leben aus. Ein Musikstück, von Beginn bis Ende im gleichen Tempo gespielt, erzeugt recht schnell Langeweile, im Wechsel von *piano* zu *fortissimo* liegt das Begeisternde. Ich kenne Familien, wo beide sehr aggressiv sind, keiner steht dem anderen in Boshaftigkeit nach, keiner schenkt dem anderen etwas. Beide sind sie körperlich gesund. Nur, nach meinem Empfinden, will eine Stimmung der Harmonie, des Friedens in solchen Situationen nicht aufkommen.

Ich möchte nicht unerwähnt lassen, daß ich diese Beobachtung in einer Partnerschaft von einem Menschen mit Angst vor Schwäche und einem mit Angst vor Fehlern immer wieder bestätigt finde. Egal, ob ich mich im Ausland auf einem Campingplatz aufhalte – eine wunderbare Möglichkeit, Familiendynamik der verschiedensten Länder zu studieren – oder ob ich an einem Volksfest teilnehme. Die Folgerichtigkeit, das heißt die logische Weitergabe dieser beiden hier aufgezeigten Aggressionsmuster, ist für mich immer wieder verblüffend festzustellen. Als Hausarzt überblicke ich in manchen Familien drei, ab und zu sogar vier Generationen.

Urgroßmutter hat die Beziehungscharakteristik eines Menschen mit Angst vor Fehlern. Somit konnte sie sich nicht so intensiv um ihre Tochter kümmern. Diese, die Großmutter, entwickelt Angst vor Schwäche und damit Überbehütungsstrategien. Ihre Tochter wiederum, die Mutter, finden wir im Lager derer mit Angst vor Fehlern, sie hält sich raus. Der Enkel fällt nun wieder mit Überengagement Alles-besser-Wissen auf. Diese hier aufgezeichnete Abfolge ist allerdings selten so eindeutig zu sehen, denn die äußeren Lebensumstände bewirken manche Variationen. Zur Illustration einige Beispiele: Eine Mutter mit Angst vor Schwäche – sie würde ihr Kind überbehüten und ihm damit Angst vor Fehlern machen – ist durch wirtschaftliche Not gezwungen, in einer fernen Stadt zu arbeiten, ihr Kind muß sie ihrer Mutter überlassen. Diese hatte sich bereits wenig um ihre Tochter gekümmert, konsequent erfährt damit das Enkelkind dieselbe Strategie, es wird also auch – wie die Mutter – Angst vor Schwäche entwickeln. Oder eine Mutter mit Angst vor Fehlern überläßt gleich von Anfang an die Erziehung ihres Kindes ihrer Mutter. Also wird auch dieses Angst vor Fehlern, wie seine Mutter, entwickeln. Oder eine Mutter mit Angst vor Fehlern hält sich in der Erziehung vollkommen raus, und Vater, Typ Angst vor Schwäche, kommt mit seinen Strategien zum Zuge: Das Kind wird Angst vor Fehlern entwickeln wie seine Mutter. Oder, nach meiner Beobachtung eine sehr schlimme, weil noch folgenreichere Situation: Oma, Typ Angst vor Schwäche, überbehütet das Enkelkind die ersten drei Jahre, dann stirbt sie. Nun muß sich die Mutter nolens volens um ihr Kind kümmern. Es wird Angst vor Schwäche, induziert von seiner Mutter, entwickeln, aber mit einem Einschlag von Angst vor Fehlern, induziert von der verstorbenen Oma. Zusätzlich wird ihm das berüchtigte Verlusterlebnis ein Leben lang zu schaffen machen. Verlusterlebnis deswegen, weil dieses Kind nach einer Phase der intensiven Überbehütung in ein großes emotionales Loch fiel.

Es mag nun so aussehen, als ob ich irgendeinen Zorn an Frauen auszutoben hätte, da ich hier dauernd von den Fehlern der Mütter spreche. In meinen Augen sind es aber eigentlich die Männer, die diese industrialisierte Welt so eingerichtet haben. Mit der Folge, daß die Hauptlast der Erziehung bei den Frauen liegt, die Männer verausgaben sich im Beruf und geben sich nicht in ihren Kindern weiter. Es wundert mich, daß die Männer noch nicht dahintergekommen sind, wie undankbar und ungerecht diese Arbeitsteilung ist. Im Betrieb, in der Firma geht die besondere Begabung, Botschaft eines Menschen, eines Mannes, meistens unter. Kaum ist er in Rente, so ist er auch schon vergessen, durch jemand anderen ersetzt. Gebe ich mich in meinen Kindern weiter, so kann meine Sichtweise, mein Verständnis der Welt noch ein bis zwei Generationen weiterwirken – mein Leben war nicht umsonst.
Diese bisher aufgezeigten ungünstigen Mechanismen des Umgangs miteinander möchte ich an zwei weiteren Beispielen verdeutlichen:
Er, Typ Angst vor Fehlern, fünfzig Jahre alt, Lehrer, unverheiratet, homosexuell, plauderte in aller Gelassenheit so über sich: »Wissen Sie, Doktor, ich lebe eigentlich nur durch und von anderen. Ohne meine Mitmenschen, Freunde, bin ich im Grunde genommen ein Nichts. Mich wundert es zutiefst, daß ich es noch fertigbringe, einen Hund, meinen Dackel, am Leben zu erhal-

ten. Daß ich für dieses Tier wenigstens noch etwas Zuverlässigkeit und ein Gefühl der Verantwortung aufbringe. Aber, na ja, der kann mich ja auch nicht kritisieren! Sonst ist mir jede Verantwortung ein absoluter Greuel! Ich müßte ja dann irgendwo Stellung beziehen, Farbe bekennen, und dann liefe ich Gefahr, die Freundschaft, die Zuwendung meiner Mitmenschen zu verlieren, von denen ich ja existentiell abhängig bin. Das geht nicht! Ich habe tausend Antennen, um stets zu spüren, was mein Gegenüber nun wohl gerne hören will, und das erzähle ich ihm dann auch. Natürlich bin ich sehr anspruchsvoll. Ich suche mir nur Freunde mit Niveau aus, die kompetent sind, wo ich geistig profitieren kann! Stelle ich fest, daß es dieser oder jener nicht mehr bringt, so muß ich ihn halt stehenlassen [sein haßerfülltes Gesicht hierbei war erschreckend] und was Neues suchen. Die Mitmenschen tragen mich wie die Wellen des Meeres einen Flaschenkorken. Irgendwie ist dies ein sehr angenehmes Leben, und doch bohrt im Innersten so eine Unzufriedenheit, Schalheit, ich bin nicht glücklich! Der Vorteil dieser Strategie ist für mich, daß ich immer noch offen bin, ich bin nicht alt, auch wenn ich jetzt die Fünfzig erreicht habe. Leute, die eine feste Meinung haben, sind für mich alte Menschen, und gegen die habe ich etwas. Andererseits, wenn ich mich immer noch wie zwanzig oder fünfzehn fühle, nach wie vor noch wie in den Startlöchern zum Leben hocke, obwohl ich jetzt fünfzig bin, tut sich eine immer größere Kluft auf, irgendwann ist das Leben rum, und das war alles so hohl und leer, ich war nicht dabei!«

Sie, Typ Angst vor Schwäche, fünfundvierzig Jahre alt, Hausfrau, verheiratet, am Rande einer schweren Depression mit Selbstmordgedanken, resümierte in einer traurig-haßerfüllten Stimmungslage: »Mein Leben war eigentlich nur Arbeit. Einen Beruf durfte ich nicht lernen. Meine Eltern verschacherten mich schon mit vierzehn Jahren in einen Krämerladen, wo ich zehn, zwölf Stunden zu schuften hatte. Natürlich mußte ich das Geld zu Hause abgeben. Zu Weihnachten gab es mal ein neues Kleid, möglichst billig, zu Ostern neue Schuhe. Mein Mann brachte ein uneheliches Kind mit in die Ehe. Ich dachte, da könnte ich was Gutes tun, dem armen Fratz eine liebevolle Mutter sein, ich wollte halt nur weg von zu Hause, wo ich nur ausgenommen wurde. Mein Mann fing dann bald zu trinken an. Er verdrosch mich, wenn ich ihm kein Bier holen wollte. Trotz allem Puder waren die blauen Flecken oft nicht ganz zu verdecken. Er hat dann die Kurve doch noch gekriegt, wurde trocken, wir konnten Geld sparen. An dem Haus, das wir dann gebaut haben, gibt es keinen Hohlblock, der nicht durch meine Hände gegangen ist. Der Bauunternehmer stellte jeweils einen Hänger voll Steine auf der Straße ab und kam dann in einer Stunde wieder. In der Zeit mußte die Fuhre leergeräumt und die Hohlblocks die sechzig Meter den Hang hochgeschleppt werden. Jetzt hat mein Mann diese Krankheit bekommen, wird vorzeitig berentet. Der ist ja noch so jung, Sie können sich vorstellen, wie wenig Geld wir da kriegen. Ich kann nur Putzengehen, habe ja nichts gelernt. Und von den Kindern kann ich auch nichts erwarten. Was habe ich mich für die zerrissen, aber jetzt, wo ich sie mal brauche, da winken sie nur ab und sagen, sie hätten keine Zeit. Ich sehe mich wie einen Menschen, der einen steilen Sandberg bei sengender Sonne hinaufklettern will. Mühsam geht es einen Schritt voran, und dann rutsche ich gleich wieder eineinhalb Schritte zurück. Ich kann schon lange nicht mehr, aber ich darf nicht ausruhen, ich muß weiter. Gelernt hätte ich eigentlich gerne Blumenbinderin oder Schneiderin, aber das sind Spinnereien, das geht heute gar nicht mehr!«

Zur Verdeutlichung möchte ich jetzt die Charakteristika, die Beziehungsmuster beider von mir entdeckten Menschentypen, Typ Angst vor Fehlern und Typ Angst vor Schwäche, noch einmal zusammengefaßt darstellen. Einem Menschen mit Angst vor Fehlern war es durch die Überbehütungsstrategien seines Haupterziehers in der Jugend verwehrt worden, eigenverantwortlich zu spielen, zu experimentieren und hierdurch die eigenen Fähigkeiten und Möglichkeiten zu erproben, auszubilden. Immer wieder waren ihm bei Versuchen selbständigen Handelns massivste Vorwürfe gemacht worden in dem Sinne: »Was hast du denn da wieder angestellt, das ist doch total falsch, du solltest doch wissen, daß ...!« Die Kritik war stets überlagert von Formen der Aggression, die »unter die Haut« gingen. Durch dieses ständige Zurechtgewiesenwerden, eine Kritik, die selten zur Sache gehört, sondern meistens gegen die Person geht, mußte dieser Mensch zunehmend eine panische Angst vor Fehlern entwickeln. Diese Angst, vergleichbar mit dem brodelnden Magma im Erdinneren, sucht nun immer wieder Ventile, um den Druck im Inneren zu entlasten. Als geeignet für einen solchen Menschen bieten sich nun die Strategien: Perfektsein, Sichraushalten, Hetzen, Alles-im-unklaren-Lassen an. Diese vier Strategien bedeuten für einen Menschen mit Angst vor Fehlern eine willkommene Entlastung, wenigstens vorübergehend, die Angst vor Fehlern kann so beruhigt, in Schach gehalten werden. Da aber ein solcher Mensch allein nicht überlebensfähig ist (wie sollte ich zu Brot und Wasser kommen, wenn ich genötigt bin, mich herauszuhalten, keine Verantwortung zu übernehmen), muß er Techniken entwickeln, andere für sich zu begeistern. Er ist gezwungen, sich andere nützlich zu machen. Die sollen für ihn die Fehler machen, vor denen er eine so unüberwindbare Angst in sich trägt. Unbewußt spielt er ein Bild der Schwäche vor, hat viel Zeit für sich selbst, pflegt sich, liebt sich und aktiviert so Mitmenschen, besonders die des anderen Typs, sich für ihn zu engagieren. Bei der Liebe aber, die er vorgibt, handelt es sich nur um Eigenliebe, er kann letztendlich sein Versprechen, jemanden zu lieben, nicht halten. Er ist gezwungen, sich mehr um sich selbst zu kümmern.

Einem Menschen mit Angst vor Schwäche ist es durch die Vernachlässigungsstrategien seines Haupterziehers in der Jugend verwehrt worden, einmal schwach zu sein, nichts zu tun, sich fallenlassen zu dürfen mit der Sicherheit, wohl aufgefangen zu werden. Er muß erleben, daß er nur durch Leistung, Sich-nützlich-Machen und Übernehmen eines Übermaßes von Verantwortung Zuwendung bekommt. Er muß mit einer bedingten Liebe zufrieden sein. Die in seiner Jugend entstandene, ungeheure Angst vor Schwäche ist so unerträglich, daß auch er Strategien benutzen muß, um wenigstens vorübergehend wieder eine kleine Erleichterung zu verspüren. Über Stark- und Beherrschtsein, Sichüberengagieren, Alles-besser-Wissen, Keine-Wünsche-Anmelden weiß er, seine Angst vor Schwäche zu betäuben und unter Kontrolle zu halten. Da er durch sein rastloses Tun viele Erfolge für sich verbuchen kann, produziert er in sich Hoffnung, die ihn von Aufgabenstellung zu Aufgabenstellung weiter vorantreibt. Nur: Diese Hoffnung, die er ausstrahlt, gilt nur ihm. Seine Umwelt treibt er durch sein Alles-besser-Wissen und sein Überengagement in eine chronische Hoffnungslosigkeit. Auch er hält sein Versprechen, das er einmal, unbewußt, gegeben hat, nicht. Das Gefühl, das er verbreitet, das andere neben ihm empfinden müssen, läßt sich mit Lähmung, empfundener Bedeutungslosigkeit beschreiben. Somit ist auch er als hochaggressiv einzustufen.

These 8: Entsprechend dem Umgang mit der Angst lassen sich zwei Menschentypen unterscheiden:
Menschen mit Angst vor Schwäche (Angst, zu langsam zu sein),
Menschen mit Angst vor Fehlern (Angst, falsche Entscheidungen zu treffen).

These 9: In einer Partnerschaft, einer Ehe, finden sich immer wieder ein Mensch mit Angst vor Fehlern mit einem Menschen mit Angst vor Schwäche zusammen. Jedem der beiden sind die Aggressionsformen eigen, auf die der andere am empfindlichsten ist.

Sie werden jetzt vielleicht sagen, daß dies alles viel zu simpel sei, so einfach lasse sich doch der Umgang miteinander in Familien nicht beschreiben.
Nun, natürlich gibt eine Landkarte die Gegend, die sie beschreibt, nicht wieder. Auf der Karte finde ich weder die Buntheit eines Herbstwaldes noch die Farbenpracht einer Frühlingswiese noch die Harmonie eines gewundenen Flußlaufes. Die Landkarte ist eine grobe Vereinfachung, eine Abstraktion der Gegend, die sie darstellt. Und doch ist sie von großem Wert. Mit ihrer Hilfe finde ich mich in der wunderbaren Vielfalt der Natur zurecht, ich laufe nicht im Kreis, ich verliere mich nicht in der Gegend, ich komme zu einem Ziel.
Kein Mensch mit Angst vor Fehlern gleicht aufs Haar einem anderen Menschen mit Angst vor Fehlern. Der eine hetzt mehr, der andere hält sich mehr raus, und jeder tut dies auch wieder auf seine ihm persönliche Art. Und doch läßt sich diese riesige Palette von Aggressionen auf diese beiden Menschentypen zurückführen und auflisten in die jeweils vier Kategorien Perfektion, Raushalten, Hetzen, Unklarheit – Stärke, Überengagieren, Besserwissen, Keine-Wünsche-Anmelden.
Selbstverständlich sind die wenigsten Menschen ein völlig reiner Typ Angst vor Schwäche beziehungsweise Angst vor Fehlern. Die meisten sind sogenannte Mischtypen. Aber immer wieder kann ich beobachten, wie in einer Partnerschaft der eine eher in die Richtung des

Typs Angst vor Schwäche neigt, während der andere die Tendenz hat, in Richtung Typ Angst vor Fehlern zu gehen. Diese Landkarte der Aggressionen, dieses Unterscheiden- und Katalogisieren-Können von Feindseligkeiten hat, wie ich erfahren habe, große Vorteile.
Die gegen mich gerichteten Aggressionen des anderen treffen mich nicht mehr so stark. Weil ich sie kenne, kann ich mich gezielt dagegen wehren, ich habe ein diagnostisches Hilfsmittel, den anderen zu erkennen, kann für ihn hilfreich sein, seine bisher unentdeckten Ängste wahrnehmen und lösen zu lernen. Hierüber mehr im letzten Kapitel.
Da ich selbst ein Betroffener, ein Mensch mit Angst vor Schwäche bin beziehungsweise war, ist es natürlich nicht ganz einfach, absolut gerecht und ohne Aggressionen über die Menschen mit Angst vor Fehlern zu schreiben. Sollten Sie noch Reste meines Verletztseins spüren, so bitte ich, es höflich zu entschuldigen, ich kann mich nur ein Leben lang bemühen, die geschlagenen Wunden über die Zeit, auch bis ins letzte, zum Abheilen zu bringen.

Sie erinnern sich noch an Susanne und Peter aus dem ersten Kapitel? Ich darf annehmen, daß Sie inzwischen erkannt haben: Susanne gehört zu den Menschen mit Angst vor Schwäche, und Peters Feindseligkeiten lassen sich auf Angst vor Fehlern zurückführen. Bei so viel Niedertracht, bis hin zu lebensbedrohlichen Boshaftigkeiten, die Susanne klaglos hinnahm, ist auch zu vermuten, daß sie sich im Innersten zutiefst ablehnte, daß sie

unbewußt davon ausging, in und an ihr sei etwas ganz Schlechtes, Böses, und damit hätte sie gar keinen Anspruch auf Zuwendung, Hilfe, Liebe ohne irgendeine Bedingung. Ihre Biographie erbrachte dann auch folgendes: Ihre Mutter, Typ Angst vor Fehlern – Sie erinnern sich, daß sie lieber Freunde besuchen wollte, als mit ihrer tödlich bedrohten Tochter in die Klinik zu fahren –, kümmerte sich recht wenig um die kleine Susanne. Dafür aber erkor ihr Vater sie zu seinem Liebling, verhätschelte und verwöhnte sie, bis ihre kleine Schwester geboren wurde. Aus unerklärlichen Gründen ließ ihr Vater sie ab diesem Zeitpunkt fallen, schenkte seine ganze Aufmerksamkeit der Nachgeborenen. Von da an war Susanne nur noch »der Depp der Familie«, der sich früh, zu früh, um alles und jedes zu kümmern hatte. Einfach mal zu sagen »Jetzt kann ich nicht mehr, ich mag nicht mehr!« war absolut undenkbar.
Peter war auf andere Art mißhandelt, geängstigt worden. Seine Mutter hatte sich mit einem Kriegsgefangenen eingelassen, die Folge war Peter. Welche Schande in einem erzkonservativen Dorf! Um so mehr nahmen zuerst die Großeltern und später auch wieder seine Mutter, Typ Angst vor Schwäche, Peter in Schutz, behüteten und verwöhnten ihn, schirmten ihn ab vor den Sticheleien und Streichen der Dorfjugend. Noch mit fünfzehn Jahren schlief er im Bett seiner Mutter, die, ledig geblieben, in ihrem Sohn ihre Erfüllung, ihr Ideal, vielleicht auch ein wenig einen Mannersatz sah. Diese schwüle Enge der Schlafstube, dieses dauernde Umgarntsein, dann aber auch wieder diese stillen, stummen Vorwürfe:

»Wo doch mein ganzes Leben auf dich ausgerichtet ist, wo nur du mein Lebensinhalt bist, wie konntest du mir nur dieses und jenes antun!« Peter wußte sie eindrücklichst zu schildern. »Weil du gestern in der Schule wieder so frech warst, gab mir heute dein Lehrer zu verstehen: Typisches Kanakenkind! Welche Schande ich als deutsches Mädchen über den Ort gebracht hätte!« Es war jetzt für mich nicht mehr verwunderlich, daß Peter heute absolut nicht mehr irgendwo eingebunden werden wollte, daß er vehement um sich schlagen, brüllen mußte, wenn ihm irgendwo – auch nur im Ansatz – aufgezeigt wurde, wie er vielleicht in einem Zusammenhang mit anderen stehen könnte. Jede Andeutung, das Leiden seiner Frau könne auch nur im geringsten etwas mit ihm und seinem Verhalten zu tun haben, war für ihn so unerträglich, daß er nur noch schreiend den Raum verlassen konnte.

Es brauchte sehr, sehr viel Zeit, ihn unterscheiden zu lehren, daß es zwei Formen von Kritik gibt. Eine hilfreiche, konstruktive, die das Wissen erweitert und damit befähigt, noch gelungener mit den anstehenden Problemen umzugehen, und eine unter die Gürtellinie gehende, destruktive, angstmachende und einschüchternde Kritik.

Es war daher für mich auch kein Zufall, daß Peter sich zwar ein wunderschönes Haus, aber weit abgelegen in einem Zweihundert-Seelen-Ort baute. Hier war seine Frau in einem goldenen Käfig, konnte kaum Kontakte knüpfen und damit für ihn lästige, neue Einsichten erhalten. Zusätzlich deckte er sie so mit Büroarbeiten

seiner Firma ein, daß sie schon zeitlich kaum in der Lage war, »über den Nestrand zu schauen«.
Susannes Strategien der Überaktivität und des Überengagements waren zu Beginn der Therapie beeindruckend. Wie ein Brummkreisel schoß sie mit ihren beiden Söhnen, dreizehn und sechzehn Jahre alt, in meine Praxis, nahm ihnen die Mäntel ab, wies ihnen Sitzplätze zu, nestelte noch dem Großen den Kragen zurecht und riß dann später noch für mich meine Tür zum Sprechzimmer auf. Ihr Ältester hätte so Konzentrationsschwierigkeiten, da gäbe es doch sicher einen Saft dagegen, oder vielleicht Vitamine, also, da müßte was passieren! Jeden Vorschlag von mir wischte sie milde lächelnd beiseite, sie wußte wirklich alles besser. Durch ihre Überaktivität hatte sie den Ältesten derart geschädigt, daß dieser zum einen, ganz korrekt, nicht mal mehr die leiseste Lust zu einer Arbeit, geschweige denn für die Schule hatte, und zum anderen sich jetzt mehr und mehr über ein bewußt inszeniertes, asoziales Verhalten wehrte. Er klaute dies und das, schlief in den Wäldern, experimentierte mit Haschisch. Kurz darauf mußte er in eine psychiatrische Jugendeinrichtung eingewiesen werden.
Heute hat Susanne gelernt, loszulassen; sie kann ihren Kindern eigene Wege zubilligen, sie braucht nicht mehr alles zu wissen, sie ist neugierig geworden auf die Sichtweisen ihrer Jungen.

Über die symmetrische Eskalation

Thomas war richtig glücklich. Mit elegantem Schwung warf er sein Handtuch in die Sporttasche, schob behutsam den Golfschläger in das Futteral und zog die verrutschten Socken gerade. Heute war ihm aber auch alles gelungen. Die Drives waren an Weite nicht zu überbieten, auf dem Green genügte meist ein Schlag. So sicher wie ein Samurai mit seinem Schwert, so präzise war er jeweils mit seinem Schläger zur richtigen Zeit an der richtigen Stelle gewesen. Sein erster Platz auf der Clubrangliste war unbestritten, an seine Stärke sollte erst mal wer rankommen! »Noch ein bißchen Training, und ich könnte bei den Landesmeisterschaften mitmischen, und wie die auf Bundesebene spielen, das müßte nächstes Jahr doch auch noch zu schaffen sein«, ging es ihm hoffnungsvoll durch den Kopf. Man hatte ihm den Eintritt in den Club damals sehr schwergemacht, ihm angedeutet, er solle lieber etwas anderes, aber bloß nicht Golf spielen. »Na wartet, wenn ich mal groß bin, überhole ich euch alle!« hatte er sich geschworen.
Er lag gut in der Zeit. Jetzt noch schnell zum Metzger, die bestellten Steaks abholen. Er hatte seiner Frau versprochen, um dreizehn Uhr ein leckeres Essen auf dem Tisch stehen zu haben. Auf dem Weg nach Hause nahm er noch einen herrlichen Blumenstrauß mit, sein Freund, der Gärtner, wußte, was Lydia schätzte. Das Duschen

war rasch erledigt; Lydia konnte keinen Schweiß vertragen, und vielleicht ergab sich auch nach dem Essen eine Möglichkeit, mit ihr zu schmusen.
Steaks, Kroketten und Eisbergsalat hatte er sich vorgenommen. Seine Mutter war oft verreist gewesen, so wurde er früh darauf geübt, sich selbst zu versorgen. Also erst mal etwas Fett in die Pfanne. Er zog die Kühlschranktür auf und wurde ruhig, ganz ruhig. Kein Fett da, aber nicht die Krume! »Wenn man bei uns den Kühlschrank aufmacht, so fällt einem höchstens eine verhungerte Maus entgegen!« knurrte er vor sich hin. »Wenn ich mich nicht um alles kümmere, so bricht hier doch der ganze Laden zusammen. Ich möchte bloß wissen, wozu Lydia ihren Kopf hat. Also gut, schauen wir mal bei den Nachbarn, die sind immer so gut sortiert!«
Lydia war in Stimmung. Man hörte ihr fröhliches, ausgelassenes Lachen durch das ganze Institut, der Chef und ihre Mitarbeiterinnen ließen sich gerne von ihr anstecken. Es hatte in den letzten Wochen Probleme mit einer Maschine gegeben, die Forschungsarbeiten des Instituts gerieten ins Stocken. Der Kongreß, zu dem ihr Chef etwas voreilig bereits neueste Meßergebnisse vorausgesagt hatte, rückte bedrohlich näher. Heute war ein Team der Herstellerfirma hiergewesen, Leute, die wirklich eine Ahnung hatten. So konnte der Fehler bald gefunden werden, zusätzlich lernte Lydia noch ein paar weitere Tricks, wie sie mit dem Gerät besser umgehen konnte. Ganz nebenbei war die Sprache auf eine Zusatzapparatur gekommen, ein Gerät, das die Auswertezeiten der Versuchsreihen noch wesentlich abkürzte.

Nur, das war sehr teuer, und in der Institutskasse herrschte Ebbe.
Lydia wußte, daß sie gut aussah, und die Männer fielen doch immer auf dieselbe Masche rein. In kürzester Zeit hatte sie die Firmenleute so weit, daß sie sich daran erinnerten, noch ein Zusatzgerät der ersten Serie im Werk zu haben. Das könne nicht mehr verkauft werden, funktioniere aber hervorragend. Sie würden das Ding gleich nächste Woche – sagen wir mal leihweise – vorbeibringen. Von der letzten Institutsfete waren noch ein paar Flaschen Sekt übriggeblieben, die jetzt geöffnet wurden. Witze flogen hin und her, die Leute vom Nachbarinstitut wurden einer nach dem anderen durchgehechelt, ihre Tolpatschigkeiten mit schallendem Gelächter bedacht.
»Mein Gott, ist das schön!« ging es Lydia durch den Kopf. So die Zeit zu vergessen, den Augenblick in vollen Zügen zu genießen, das könnte ewig so bleiben.
»Leute, ich muß nach Hause«, tönte auf einmal ihre Kollegin, »es ist schon vierzehn Uhr, und mein Mann wird böse, wenn ich so lange wegbleibe! Also, tschüs!«
»Herrje«, ging es Lydia durch den Kopf, »Thomas und die Steaks!« Das hatte sie ja völlig vergessen! Immer, wenn es mal schön wurde, dann mußte ihr Mann mit seiner Pflicht dazwischenkommen. Er meinte es ja sicher gut, aber das engte sie alles unheimlich ein. Welcher Teufel hatte sie eigentlich geritten, überhaupt zu heiraten? So, wenn sie ungebunden war, standen ihr doch viel mehr Männer zur Verfügung. Der eine hatte die, der andere jene Vorteile. Ein Mann allein konnte doch überhaupt nicht all das in sich vereinigen, was all die anderen

Männer einzeln an Fähigkeiten besaßen. Sie machte ja ungern Fehler, aber hier hatte sie wohl eine gravierende Fehlentscheidung getroffen.

»Nun denn, troll dich nach Hause«, machte sie sich Mut, »jetzt gilt es erst mal wieder die traurig-vorwurfsvollen Augen von Thomas abzuwehren. Ist ja seine Schuld, wenn er sich so fest an mich kettet!« Energisch schob sie die Haustür auf: »Das riecht aber angebrannt hier«, rief sie, und Thomas erwidert: »Schatz, das kann nicht sein, ich hab' die Steaks rechtzeitig vom Herd genommen, eben, damit sie nicht verschmoren. Ich kann sie jetzt noch in der Mikrowelle wieder warm machen, dann schmecken sie auch noch. Übrigens, du hast doch bald Geburtstag, da könnte ich dir doch eine Uhr mit einem größeren Ziffernblatt schenken«, schob Thomas nach.

Wie eine Rakete ging Lydia an die Decke: »Du eingebildeter Schnösel«, fuhr sie ihn an, »ich komme nach Hause, wann ich will, und überhaupt war gar nicht ausgemacht, daß ich zu irgendeiner Zeit hier bin. Außerdem sind deine Steaks nie durch, die kann der Hund fressen! Ich wollte viel lieber Würstchen!«

»Die Würstchen sind seit unserer letzten Einladung weg ...« – »Genau, an dem Abend warst du so besoffen, da hast du zum Schluß den ganzen Kühlschrank leergemacht!« Immer ruhiger und beherrschter korrigierte Thomas: »Die Würstchen hab' nicht ich, sondern deine Freundin Sybille vernascht.« – »Das war es ja! Du hattest die Leute derart mit deinen Hirngespinsten gelangweilt, daß Sybille vor Wut was essen mußte!«

Wie immer bei diesen Streitereien resignierte Thomas:

»Ich weiß, ich bin wieder mal an allem schuld, lassen wir das. Läuft eigentlich deine Maschine wieder, kommt ihr im Institut mit der Arbeit voran?« Lydia spürte, wie Thomas sie trotz allem Ärger mit einem ihr bekannten Blick anschaute: »Aha, schlafen will er mit mir, daher die Steaks!« Wie aus heiterem Himmel zogen sich ihre Eingeweide zusammen, als ob ein Messer sich da rumdrehen würde. Schon seit Wochen waren diese Schmerzen da. Bisher waren sie noch zum Aushalten gewesen, aber langsam mußte sie wohl doch mal ihren Gynäkologen konsultieren. Sie ließ sich nichts anmerken und ging auf die Frage von Thomas ein: »Ja, das Ding läuft wieder, da war heute so ein Kyro – oder wie sagt man, Kory ... im Institut.«
»Du meinst, eine solche Konifere.«
»Ja, solch eine Konifere, die alles reparieren kann. Moment mal! Das heißt nicht Konifere Koryphäe ist richtig! Du ewiger Besserwisser!« Wie eine Furie ging sie auf Thomas los und trommelte wie irrsinnig mit ihren kleinen Fäusten gegen seinen durchtrainierten Körper. »Unbeherrschtes Gör«, murmelte er vor sich hin und schnappte sich eine Flasche Bier, während sie tobend ins Badezimmer sauste. Mit fahrigen Händen riß sie die Hähne der Badewanne auf, im warmen Wasser zu liegen hatte ihr schon immer geholfen, vielleicht wurde es dann mit den Bauchschmerzen etwas besser. Das Bad tat wirklich gut.
Liebevoll rubbelte sie ihren Körper trocken, der große Spiegel an der Wand nickte zufrieden, sie war wirklich schön anzusehen. »Verdammt noch mal, wo sind denn

nun schon wieder Morgenmantel und Hausschuhe, die habe ich doch heute morgen hier im Bad hingelegt, oder, na ja, hier irgendwo fallenlassen«, ging es ihr durch den Kopf. »Thomas mit seiner preußischen Ordnung hat mir wohl wieder zeigen müssen, was für eine unordentliche Frau ich bin. Würde er nicht soviel Zeit mit Aufräumen vertrödeln, um wieviel könnte er beruflich erfolgreicher sein, der Pedant!« Tatsächlich, ihr Morgenmantel fand sich fein säuberlich auf einem Bügel in ihrem Kleiderschrank, die Hausschuhe wie mit dem Lineal ausgerichtet darunter. Wütend riß sie das Kleidungsstück zu Boden, die Schuhe wurden mit einem Tritt bedacht, und jetzt schon etwas zufriedener ging sie auf die Terrasse hinaus.
Thomas hatte sich inzwischen mit zwei Bierchen beruhigt, oder waren es drei gewesen? Egal, so genau mußte man das nun auch wieder nicht wissen. Lydia mit ihrer ständigen Vorhaltung, er würde zuviel trinken, ging ihm zwar immer mehr auf die Nerven, aber Bier war nun mal das beste Entspannungsmittel. Schon in seiner Jugend hatte er Tricksen gelernt. Seine Mutter wollte immer was ganz anderes als Vater, und die Haushälterin hatte wieder andere Vorstellungen. So war er ein gewiefter Taktiker geworden. Brutale Leute würden das vielleicht Schwindeln oder gar Lügen nennen wollen. Aber was ist schon Wahrheit, darüber streiten sich noch heute die Philosophen. Also, ab und zu ersetzte er hinter dem Rücken von Lydia einen leeren Bierkasten aus seiner Privatkasse, so hielt sich der häusliche Krach in erträglichen Grenzen.

Wo wohl Lydia war? Die Ruhe schien ihm ungewöhnlich. Sonst kannte sie mit seinen Trommelfellen kein Erbarmen, wenn er ihr bloß diese Stereoanlage nie geschenkt hätte. Der Gedanke an ein Schmusestündchen mit ihr war noch nicht vollends aufgegeben, immerhin war jetzt schon seit zwei Wochen nichts mehr gelaufen. Vorsichtig ging er auf die Terrasse. »Wie ist es nur möglich, daß in einem solch wunderbaren Körper so bösartige Programme zu Hause sind? ging es ihm beim Anblick seiner Frau wehmütig durch den Kopf. Er ließ den körperlichen Anteil von Lydia auf sich wirken und schob behutsam seine Hand unter ihren Nacken. »Laß mich in Ruhe!« fauchte sie. Thomas entfernte sich schleunigst aus ihrem Schußfeld. Die Schmerzen meldeten sich wieder, sie wurden langsam unerträglich. Wenn das die Nacht so weitergehen sollte, ging es Lydia durch den Kopf, so war das nicht mehr auszuhalten. Vielleicht ist es doch besser, heute noch einen befreundeten Frauenarzt aufzusuchen, zumindest wird er eine Pille gegen Schmerzen haben. Bevor sie das Haus verließ, schaute sie nochmals im Wohnzimmer vorbei. Thomas döste, neben sich eine Batterie von Flaschen, in einer Sofaecke vor sich hin.

Lydia ging zu ihrem Frauenarzt. Der war entsetzt. »Das sieht aber nach einer ganz gewaltigen Entzündung aus. Sie sollten sofort in die Klinik.«

Soweit die Geschichte von Lydia und Thomas.

Mit diesem Beispiel möchte ich darstellen, wie die beiden Aggressionsformen nahtlos und treffsicher ineinandergreifen. Thomas bekämpft seine Angst vor Schwäche durch Stark- und Beherrschtsein. Immer wieder hat er es nötig, etwa beim Golf, groß herauszukommen oder durch sexuelle Überaktivität seiner Potenz, seine Stärke unter Beweis zu stellen. Als Lydia sich immer wieder heftig wehrt, zeigt er keine Regung. Er signalisiert Lydia damit, daß sie ihn nicht erreichen, keinerlei Wirkung bei ihm erzielen könne, daß sie neben ihm bedeutungslos sei.

Zu einem späteren Zeitpunkt fragte ich ihn einmal, was er denn nun so machen würde, wenn Geld für ihn keine Rolle spielen würde, etwas nach einem Lottogewinn, wenn er sich im Leben ohne Rücksicht auf die Gesellschaft so einrichten könnte, wie er wollte. »Meinen Beruf würde ich weiter ausüben, der macht mir sogar Spaß. Vor allem aber würde ich mir meinen Dachboden gemütlich ausbauen. Viele Bücher und Platten um mich herum aufstapeln und eine Strickleiter an die Luke zum Dachboden befestigen. Die könnte ich dann jeweils einziehen, wenn ich in meiner Höhle so vor mich hin träume. Ruhe, Geborgenheit und Harmonie suche ich!«

Ich hielt ihm daraufhin vor: »Lydia oder sonst irgendeinen Menschen brauchen Sie scheinbar überhaupt nicht. Sie sind für sich selbst stark. Gut, ich nehme an, hin und wieder mal ein weibliches Wesen, um miteinander zu schlafen, aber grundsätzlich scheinen Sie die Sehweisen, die Botschaften der Mitmenschen, Ihrer Frau nicht zu benötigen. Sie wissen allein über alles Bescheid. Ihr Motto könnte vielleicht sein: Alle glauben, sie sähen richtig, nur ich habe die Wahrheit!« Er grinste verlegen: »So habe ich das wirklich nicht gesehen!« Wenn Thomas

hinter Lydia her aufräumte, bewies er ihr unabsichtlich, daß sie unfähig, zu nichts imstande sei. Sie mit den Fremdwörtern hereinzulegen, grenzte an bösartigste Ironie. Er selbst fand, wie er meinte, an solchen intellektuellen Spielereien nichts Schlimmes. Im Gegenteil, das sei doch nur harmlose Blödelei, Worttraining. Für Lydia aber mußte dies wie der Stich eines Skorpions wirken, denn es war ihr wieder mal bewiesen worden, daß sie was Falsches gesagt hatte, und Thomas war perfekt in dieser Strategie, so was brachte er täglich mehrfach.
Lydia setzte gekonnt ihre Waffen ein: Hetzen, sich heraushalten, alles im unklaren lassen. Nur, um damit ihre permanente Angst vor Fehlern in Schach zu halten. Intuitiv wußte sie auch die empfindlichste Stelle bei Thomas zu erreichen: »Im Bett bringst du es ja nicht mehr!«
Thomas hatte von seiner Mutter immer wieder gehört: »Dein Vater ist doch kein Mann, da muß ich mich schon woanders umsehen!« Seine Mutter war auch deswegen von zu Hause ausgezogen und pflegte mehrere Liebschaften.
Es ist für mich immer wieder frappierend, zu sehen, wie wir Menschen uns – über Verliebtsein! – Partner aussuchen, die am treffsichersten unsere in der Kindheit geschlagenen Wunden zu finden und wieder aufzureißen wissen. In unserem Partner stellen wir uns unsere Jugendbühne am getreuesten nach. Über Verliebtsein suchen wir uns den Gefährten aus, der in seinem Aggressionsmuster am genauesten zu uns paßt.
Als ich Lydia fragte, wie sie sich ihr Leben nach ureigenem Geschmack einrichten würde, antwortete sie: »Ich

würde ein großes Haus führen. Viele nette Leute, interessante Gäste. Einfach Menschen, die mich unterhalten. Ich würde auch Kinder einladen, die könnten dann bei mir rumtoben, die könnten spielen, wie sie wollten, denen würde ich keine Grenzen setzen.« Ich gab ihr zu bedenken, daß ich bei all ihren Aussagen nichts davon gehört hätte, wie sie sich auch mal für andere engagieren würde, verantwortlich, zuständig sein könnte. Das Motto: Alle denken nur an sich, nur ich denke an mich! wäre wohl ihr eigen. »Ja, aber dann müßte ich mich ja irgendwo festlegen, das ist so spießbürgerlich!« – »Eben, Sie könnten aufs falsche Pferd gesetzt, einen Fehler gemacht haben. Trauen Sie sich doch mal!«

Das Dilemma der beiden läßt sich in Kurzform so darstellen: Durch seine Lebensmethode der Stärke signalisiert Thomas seiner Frau: Ich brauche dich im Grunde gar nicht, und wenn du doch was machst, so ist es garantiert falsch. Er verstärkt also damit ihre Angst vor Fehlern und treibt sie so immer weiter von sich weg, obwohl er ja Nähe und Geborgenheit so dringend sucht.

Oder aber: Durch ihre Lebensmethode, sich herauszuhalten, seine Leistung abzuwerten signalisiert Lydia ihrem Mann: Mit mir brauchst du nicht zu rechnen. Bleib nur schön stark, denn du muß allein zurechtkommen. Solltest du mal irgendwo Anzeichen von Schwäche zeigen wollen, so werde ich dir davor schon Angst einjagen. Sie verstärkt somit unbewußt seine Angst vor Schwäche, treibt ihn immer wieder zur Stärke an, was rückwirkend ihr wieder Angst einflößen muß. Zwar lebt sie nur durch Mitmenschen, durch Thomas, beschäftigt sie aber so, daß diese vor lauter Arbeit keine Zeit für sie haben und ihr zusätzlich Angst durch ihre Erfolge einjagen müssen: Eine symmetrische Eskalation steigert sich immer mehr. Die beiden kommunizieren ausschließlich auf Verstandesebene. Und dies ist ihr Problem! Verstandesmäßige Argumentationen kennen keine Grenzen, sie ufern hemmungslos aus. Vergleichbar einer Dampfmaschine oder einem Dieselmotor, die (der) ohne einen Drehzahlbegrenzer unweigerlich auseinanderfliegen würde, da beide Maschinen die Eigenschaft in sich haben, unbegrenzt immer schneller zu drehen. Warum dies bei solchen Paaren so ist? Nun, beide kommunizieren nach dem Prinzip »Sieg oder Niederlage«. Und wer möchte schon gerne verlieren. Also wird bis aufs äußerste gekämpft, und dabei ist dann auch jedes Mittel recht.

Aus zwei Erlebnissen heraus wurde mir das Fragwürdige einer rein über den Verstand geführten Argumentation schon in früher Kindheit bewußt. Meine Mutter schwärmte Tag für Tag vom Ideal der humanistischen Bildung. Griechenland und das antike Rom waren ihr wichtig, es gibt wohl kaum eine Ausgrabungsstätte, die sie nicht besucht hat. Ich wurde von Tempel zu Tempel, von Kirche zu Kirche geschleift, hatte die alten Philosophen zu lesen. Nur, all dies hinderte meine Mutter nicht, ihren Erziehungsvorstellungen handgreiflich Nachdruck zu verleihen, über Gott und die Welt zu schimpfen und vorwiegend an sich selbst zu denken. Humanistische Bildung, verstandesmäßige Informationen schienen kein friedlich-menschliches Verhalten zu bewirken.

Während der Bundeswehrzeit lernte ich noch ältere Of-

fiziere kennen, die stolz darauf waren, in Gefechtspausen im Schützengraben »Faust« gelesen zu haben, anschließend töteten sie wieder ihre Mitmenschen.
Mit dem Verstand läßt sich alles begründen, jede Tat oder Einrichtung rechtfertigen. Nur die Unversehrtheit des menschlichen Lebens bleibt dabei oft auf der Strekke. Mit dem Verstand, der sogenannten Logik, kann ich jeden Menschen »besiegen«, ich muß nur aggressiv genug vorgehen und ihn in die Ecke treiben. Gefühle dagegen wirken regulierend auf die Mitmenschen ein.
Kam früher noch zu später Stunde, unangemeldet kurz vor Praxisschluß ein Patient zu mir in die Sprechstunde und wünschte sich zum Beispiel eine gründliche Routineuntersuchung, so begann ich dann ungefähr so: »Sie sehen doch, die Mädchen wollen nach Hause. Sie sind schon lange bei mir Patient, da müßten Sie eigentlich wissen, daß ich eine Bestellpraxis habe und ich die Check-ups frühmorgens durchführe!« Darauf der Patient: »Also, hören Sie mal, wozu sind Sie denn mein Hausarzt, ich habe hier schließlich meinen Schein abgegeben, und als Arzt haben Sie immer präsent zu sein!« Ich erwiderte (zähneknirschend): »Nun gut, ausnahmsweise will ich Sie noch drannehmen, auch wenn ich das nicht einsehen kann. Daß mir das aber nicht wieder vorkommt!« Der Patient: »Das ist ja der Gipfel! Einem hier noch Vorwürfe zu machen!« Sprach's, machte auf dem Absatz kehrt und ward nie mehr gesehen. Zurück blieb ein schales, ungutes Gefühl, ich war geknickt.
Bei der gleichen Ausgangssituation heute sähe die Interaktion ungefähr so aus: »Lieber Herr X, der Tag war für

mich heute sehr anstrengend, ich bin müde. Ich sehe, daß Sie nicht lebensbedrohlich erkrankt sind, also darf ich dabei bleiben: Ich leiste das heute nicht mehr, machen wir einen Termin aus.« Patient: »Also, nun hören Sie mal, als Arzt kennt man doch keine Schwäche. Das ist doch gerade ihr Berufsbild, zu jeder Tages- und Nachtzeit einsatzbereit zu sein, Sie sind vielleicht ein weicher Heini!« – »Sie haben gehört, ich kann nicht mehr, und ich mag auch nicht mehr, dabei bleibt es!« Meistens, nach meiner Erfahrung, springt das Signalisieren meiner augenblicklichen Schwäche über, der Patient hat ein Einsehen: »Man kann ja mal fragen, wäre heute für mich ganz günstig gewesen, aber Anfang nächster Woche habe ich auch wieder Zeit«, gab einmal ein Patient zurück.

Rauscht aber der von mir höflich Angesprochene zornentbrannt davon (»Geld scheffeln, das können die Ärzte, aber wenn man sie mal braucht, dann ist Essig!«), dann kann ich das mit Ruhe hinnehmen. Er würde mich treiben und quälen, eine unzumutbare Forderung nach der anderen stellen, bis er mich dann eines Tages doch in einer Situation erwischt, wo ich für ihn – in seinen Augen – ungenügend bin und er zum nächsten Arzt geht.

Lydia hätte sich viel Ärger ersparen können. Ohne Angst vor Fehlern wäre es ihr gleich beim Betreten des Hauses möglich gewesen, einzugestehen: »Thomas, es tut mir leid! Wir hatten im Institut eine kleine Feier, da habe ich die Uhr vergessen.« Thomas würde mit Lydia viel besser zurechtkommen, könnte er schwach sein und sich gleichzeitig dabei akzeptieren, sich liebhaben. Er könnte beispielsweise das Golfspielen als Spiel genießen, er bräuchte nicht immer nur nach der Rangliste schielen. Er bräuchte Lydia nicht mehr mit seinen überzogenen sexuellen Forderungen strapazieren. Er könnte kochen, herrliche Steaks servieren, ohne gleich die Bedingung daran knüpfen zu müssen: »Dafür gehen wir aber anschließend ins Bett!« Wenn er sich Schwäche erlauben könnte, wäre er auch gegenüber Kritik an seiner Leistung nicht mehr so empfindlich.

Wenn man sich traut, Gefühle zuzulassen, »liegt man immer richtig«! Gefühle haben immer recht! Wenn man jetzt noch den Mut entwickelt, diesen inneren Anzeigern zu folgen, wenn man sein Verhalten entsprechend den Signalen der Gefühle einrichtet, fügt man sich keinen Schaden zu, und man übermittelt an seine Partner eine Botschaft, die diese verstehen und akzeptieren können.

Sie befinden sich dicht gedrängt in der Straßenbahn. Ihr Nachbar steht, ohne daß er es bemerkt, auf ihren Zehen. Es wird wohl das natürlichste von der Welt sein, daß Sie »Aua!« sagen. Sie hatten den Mut, ihr aus den Zehen kommendes Signal des Schmerzes erstens wahrzuhaben und zweitens zu äußern. Ihr Lautgeben wird in Ihrem Nachbarn ein Aha-Erlebnis auslösen. Er hat etwas von Ihnen erfahren, was er bisher nicht wußte – vielleicht hatte er dicke Bergstiefel an und konnte so nicht spüren, wo er hintrat –, und er wird sein Verhalten dementsprechend korrigieren: Er wird seinen Fuß von Ihren Zehen nehmen. Nehmen wir nun aber an, Sie hätten Angst, die empfundenen Schmerzen zu äußern (in der Jugend wurden Sie bei Lautgabe von Schmerzen ausgelacht, bloßgestellt). Eine Zeitlang halten Sie jetzt die Situation aus, bis Sie nicht mehr können. Eine ungeheure Anspannung und Wut sind in Ihnen entstanden, und, vielleicht mit einem Ellenbogenstoß, versuchen Sie nun, Ihren Nachbarn von Ihren Zehen zu schubsen. Dies ist dann Aggression nach außen. Oder aber, aus noch mehr Angst, beißen Sie unentwegt auf Ihre Zähne, bis die Zehen abgestorben sind, das ist dann Aggression nach innen, gegen Sie selber. Da Sie sich nicht getraut haben, ein korrektes Signal spontan nach außen zu geben, hatte Ihr Gegenüber keine Chance, in Ruhe und Einsicht sein Verhalten auf Ihr Erleben abzustellen. Wenn Sie sich erst später, dann aber über Aggression melden (Ellbogenstoß), wird er zurückgeben müssen: Die symmetrische Eskalation läuft.

Äußerungen von Sinneseindrücken, Empfindungen und Gefühlen sind vergleichbar den Abstrahlungen, den Wellen eines Radiosenders, die in den Mitmenschen um Sie herum, in Ihrem Partner wiederum eine gleiche Stimmung anregen und damit deren Verhalten entsprechend steuern.

Bei einer Flugzeugentführung drohten die Kidnapper mit der Erschießung der Cockpitbesatzung. Der Copilot begann, aus tiefster Verzweiflung zu weinen. Er konnte seine Ohnmacht, seine Schwäche zulassen. Er flehte um sein Leben. Er erreichte so die Gefühle der Kidnapper und steuerte ihr Verhalten. Der Kapitän dagegen demonstrierte Beherrschung, Stärke. Er ließ sich, wie man so sagt, nicht unterkriegen. Er mußte dieses Verhalten mit dem Leben bezahlen, er wurde erschossen. Wohl nicht umsonst haben wir vor einem Präsidenten, Minister, auf dem Amt, vor dem Richter beherrscht und nicht emotional zu sein. Eben, es könnte ja etwas auf die Machtausübenden überspringen und sie zu einer menschlicheren – die nicht gewünscht ist! – Entscheidung veranlassen. Beherrscht werden kann ich nur, wenn ich mich beherrsche, wenn ich keine Gefühlsäußerungen zeige, wenn ich dem Verstand Vorrang gebe.

Nehmen wir an, Sie wurden von Ihrem Vorgesetzten gekränkt, gedemütigt. Eigentlich müßten Sie über diese Beleidigung spontan wütend sein. Aber was würden da wohl die umstehenden Leute sagen? geht es Ihnen durch den Kopf. Also sind Sie lieber ruhig. Bis Ihnen dann vielleicht eines Tages eine Magenschleimhautentzündung (Gastritis) signalisiert, daß Sie zuviel »geschluckt« haben. Es wäre demnach doch besser gewesen, spontan Ihrer Wut Ausdruck zu verleihen! Hierbei ist nicht gemeint, aggressiv auf Ihren Vorgesetzten loszugehen oder ihn mit Worten zu beleidigen, sondern unmißverständlich Ihr seelisches Verletztsein kundzutun.

Nachdem eine an Brustkrebs erkrankte Frau, von mir ermutigt, sich traute, mehr ihren eigenen Interessen nachzugehen und weniger den Befehlen ihres Mannes und ihres Sohnes gefügig zu sein, wurde sie eines Tages von ihrem Sechzehnjährigen angeblafft: »Was, faul wirst du jetzt auch noch! Liegst hier tatenlos rum, und ich habe kein Essen auf dem Tisch!« (Sie hatte das Essen,

wie verabredet, für vierzehn Uhr fertig auf dem Tisch gehabt, räumte dies aber um fünfzehn Uhr ab, nachdem ihr Sohn immer noch nicht zu Hause aufgetaucht war. Um siebzehn Uhr hatte er dann geruht, zu erscheinen). Auf meine Frage, wie sie denn nun auf die Ansprache ihres Sprößlings reagiert hätte, meinte sie resignierend: »Nichts habe ich gesagt. Als ich mich mal vor ein paar Tagen wehrte, da hat er mir Schläge angedroht!«
Noch einmal zurück zu den Charakteristika und der Beziehungsdynamik der Menschen mit Angst vor Schwäche und derjenigen mit Angst vor Fehlern sowie den Konsequenzen für beide aus ihrem Aufeinanderwirken.

Einsamkeit
Schwäche → Liebe
Fehler → Hoffnung

Sie erinnern sich an Abbildung 1 auf Seite 31? Einsamkeit, Schwäche, Liebe, Fehler und Hoffnung sind einzig der dort beschriebene Aspekt. Ein gesunder Mensch, der in einer entsprechenden Situation das Gefühl für Schwäche zulassen und in seinem gesamten Verhalten, (Mimik, Gestik, Wort) leben kann, löst in seinem Mitmenschen das Gefühl der Liebe aus. Er wird Unterstützung bekommen, man wird ihm hilfreich unter die Arme greifen oder aber ihm nicht noch mehr aufladen. Schwäche löst Liebe aus!
Ein gesunder Mensch, der in einer entsprechenden Situation Fehler (Unvollkommenheit, Nicht-mehr-weiter-Wissen) zulassen und in seinem gesamten Verhalten

leben kann, löst in seinen Mitmenschen das Gefühl der Hoffnung aus: Dem können wir was sagen, der läßt sich was sagen, durch neue Informationen wird er aus seinem Dilemma herauskommen. Fehler lösen Hoffnung aus.

Einsamkeit
Stärke → Hoffnung
Sich-Raushalten → Liebe

Wirken nun in einer Partnerschaft zwei Menschen mit den ihnen eigenen Aggressionen aufeinander (Angst vor Schwäche – Angst vor Fehlern), so ist es bis heute noch nicht vorhersehbar, wer von den beiden die Überhand gewinnt, also wer seine Aggressionen eher herauslassen kann und damit – vordergründig – gesund erscheint und wer dagegen die Feindseligkeiten des anderen eher einstecken und auch noch die eigenen für sich behalten muß und damit krank wird. Bis heute erscheint mir dies ein Zufall zu sein. Ich habe noch keine Kriterien entdecken können, hier für eine Partnerschaft eine Voraussage wagen zu dürfen. Nur eines ist sicher: Verloren haben sie beide! Nicht nur der Symptomträger, der Erkrankte, sondern auch der sogenannte Gesunde. Wie unterscheidet sich der Gefangene von seinem Wärter? Doch nur dadurch, daß der Wärter einen Schlüssel besitzt. Eingebunden in die zwangsweisen Abläufe eines Gefängnisses ist er am Ende genauso gebunden wie der Häftling. Sein kleiner Vorteil besteht nur darin, vor der Gittertür zu sitzen.
Der sogenannte Gesunde, egal, ob ein Mensch mit

Angst vor Schwäche oder Angst vor Fehlern, wird genauso sein Lebensziel verfehlen. Denn auch er ist ja von seiner Angst getrieben und kann sich dadurch zuwenig um seine Bestimmung, seine Botschaft kümmern. Sein vermeintlicher Sieg über den Partner ist umsonst.

Ich gehe so intensiv auf diese Problematik ein, da es immer wieder äußerst mühsam ist, in einer Familien-Psychotherapie dem »Gesunden« die Erlaubnis abzuringen, daß der Erkrankte wirklich gesund werden darf.

Eine überbehütende Mutter wird erst einmal sehr irritiert sein, wenn ihr Kind auf einmal Selbständigkeit, Selbstbewußtsein und Mut zu eigener Verantwortlichkeit entwickelt. Panische Angst überfällt sie, denn wo soll sie nun hin mit ihren Überbehütungs-Strategien? Im Grunde kann sie nur ein hilfloses, unselbständiges Kind gebrauchen, also darf es nicht gesund werden! Obwohl sie, wie sie immer wieder versichert, nur das Beste für ihr Kind möchte.

Ein sich heraushaltender Ehemann wird erst mal blaß vor Entsetzen, wenn seine Frau, die bisher alles für ihn erledigte und dadurch zum Beispiel in bremsende, rheumatische Beschwerden geraten ist, auf einmal beginnt, dies und jenes liegenzulassen. Er müßte jetzt selber Dinge erledigen, Entscheidungen treffen und damit Fehler machen. »Nein, nein, das ist unmöglich, da muß meine Frau vor, die soll so bleiben, wie sie ist – auch wenn sie damit weiter krank bleibt!« wird er unbewußt reagieren. Den »Gesunden« erscheinen – fälschlicherweise – ihre Herrschaftsvorteile so groß, daß sie oft alles nur Erdenkliche unternehmen, um ihren Partner, den Symptomträger, *nicht* aus der Erkrankung zu entlassen. Es ist mir aber erneut wichtig, zu betonen, daß all dies nicht aus freien Stücken, aus bewußter Boshaftigkeit geschieht, sondern aus eigener, unbewußter, unüberwindlich erscheinender Angst!

In dem zu Beginn dieses Kapitels dargestellten Partnerschaftsszenario von Thomas und Lydia habe ich ein Beispiel gewählt, wo beide in etwa »gleich stark« sind. Beide können einen Teil ihrer Aggressionen herauslassen, einen anderen Teil wiederum müssen sie für sich behalten beziehungsweise einstecken. Thomas gleitet langsam in den Alkoholismus ab, Lydia rettet sich in eine eitrige Unterleibsentzündung. Sie erzählte mir später: »So oft wie Thomas wollte, wollte ich nicht mit ihm schlafen. Auch deswegen, weil es wohl weniger um meine Person ging, als darum, daß er sich seine Stärke/Potenz immer wieder aufs neue beweisen mußte. Je mehr ich aber nein sagte, um so heftiger drängte er, machte mir Vorwürfe, und um so mehr Angst entwickelte ich. Da war es ja dann ganz praktisch, als die Unterleibsschmerzen begannen, da hatte ich ja einen plausiblen Grund, nein sagen zu dürfen!«
Mal rettet sich ein Mensch mit Angst vor Schwäche in eine Krankheit, mal muß ein Mensch mit Angst vor Fehlern hier seine Zuflucht suchen. Der jeweilige Partner erscheint nach den Kriterien der heutigen Medizin als gesund. Nehme ich aber Aggressivität, die Folge von in der Jugend entwickelten Ängsten, in mein diagnostisches Instrumentarium mit hinein, so ergibt sich auf

einmal ein ganz anderes Krankheitsbild. Lerne ich wahrzunehmen, daß in Patienten-Familien ein übergroßes Maß an Ängsten und hieraus folgenden Feindseligkeiten anzutreffen ist, so ergibt sich für mich zwingend, in erster Linie diese Problematik therapeutisch anzugehen, und nicht mehr nur den »Vorzeigepatienten« zu behandeln.

In intuitiv brillanter Weise hat übrigens Patricia Highsmith in ihrem Kriminalroman »Tiefe Wasser« die Dramatik einer symmetrischen Eskalation dargestellt. Vic, Typ Angst vor Schwäche, ein überaus zuvorkommender, treusorgender, jede Kränkung gelassen schluckender Ehemann, hat seine liebe Not mit Melinda, Typ Angst vor Fehlern, seiner attraktiven, extravaganten Ehefrau. Er besorgt den Haushalt, kümmert sich um die Tochter und toleriert die ununterbrochenen Affären seiner Partnerin. Melinda provoziert ihn bis aufs äußerste, er hat für alles Verständnis, er schweigt. Ja, bis eines Tages bei ihm »die Sicherungen durchbrennen«. Ich möchte Ihnen die Spannung beim Lesen dieses Krimis erhalten und verrate daher nicht, auf welche Weise Vic nun seiner Aggressivität Luft macht.

Nachdem Sie diesen Roman gelesen haben, werden Sie sich vielleicht auch fragen: Wer von den beiden ist nun eigentlich schuld? Melinda und Vic waren *beide* das Opfer ihrer in ihnen wirkenden Ängste, die sie nur in Form von gegenseitigen Aggressionen loswerden konnten, mit welch schrecklichem Ausgang!

Ich möchte dieses Kapitel mit zwei Fallgeschichten abschließen. Mit der einen soll belegt werden, wie ein gutgemeintes, von unserer Gesellschaft sehr gewünschtes und mit Lob bedachtes Verhalten des einen bei dem anderen Krankheit bewirken kann. Mit der zweiten Patientengeschichte möchte ich noch einmal in aller Klarheit herausarbeiten, wie notwendig bei der Familien-Psychotherapie die Mitarbeit des sogenannten Gesunden ist. Ohne seine Erlaubnis kann es passieren, daß trotz allem Bemühen der Erkrankte nicht aus seinen Beschwerden herauskommt.

Erika, vierzig Jahre alt, hatte jeglichen Mut zum Leben verloren. Mitunter dachte sie daran, sich umzubringen. Seit drei Jahren rannte sie von Arzt zu Arzt, schluckte Pille auf Pille, hatte einen stationären Aufenthalt von acht Wochen in einer psychosomatischen Klinik hinter sich. Alles ohne den geringsten Erfolg. Immer wieder überfiel sie ein beängstigendes Herzrasen, der ganze Körper war wie aufgewühlt und fühlte sich dann an, als würde er unter Strom stehen. Eine völlig unerklärliche Angst hinderte sie daran, das Haus zu verlassen. Weder konnte sie spazierengehen, noch konnte sie irgendwelche Besorgungen erledigen. In den Beinen verspürte sie immer wieder eine lähmende Schwere, so daß sie nur noch mühsam durch ihr Haus schleichen konnte. Ihre Halbtagstätigkeit, bei Bekannten in einem Gasthaus als Bedienung mitzuhelfen, hatte sie schon lange aufgeben müssen. Dies bekümmerte sie am meisten, denn sie war gern unter Leuten gewesen. Jetzt saß sie wie ein Einsiedler zu Hause. Als ich Erika das erste Mal sah, erschrak ich schon ein wenig. Die Haare waren stumpf und struppig, die Augen matt, das Gesicht fahl und ohne Konturen. Schlaff und müde schleppte sie sich die Treppe hoch und ließ sich, leise stöhnend, in eine Sofaecke fallen. Aus halbgeschlossenen Augen musterte sie mich überaus ängstlich, so von unten herauf, wich jedem meiner Blicke aus. Es kamen mir Zweifel, ob ich dieser Problematik gewachsen sein würde. Kurt, der Ehemann, war dagegen das krasse Gegenteil. Von kleiner Statur, rund und gedrungen, ein gemütliches Lachen im Gesicht, kam es behende dahergeeilt. Als ich ihn sah, fielen mir Begriffe wie zuverlässiger Kumpel, genußvoller französischer Weinbauer, feiner Kerl ein. Rührend war er um seine Frau besorgt, hatte sofort ein Taschentuch für sie parat, zog spontan ihre Krankenhausunterlagen aus seiner Brieftasche. Wenn ich sie was fragen wollte, kam blitzschnell die Antwort von ihm. Er wußte die gesamten Daten ihrer Biographie besser als sie selbst, er hatte ihren Medikamentenplan im Kopf. Diese Zweierbeziehung schien ausschließlich durch ihn, für ihn, mit ihm zu leben. Diese zwei – das war eigentlich nur er. Auch sein Beruf war für seine Lebensmethode bezeichnend. Er arbeitete bei einem großen Stromunternehmen und war im Außendienst für Reparaturen an elektrischen Geräten zuständig – werktags wie am Wochenende. Fiel irgendwo eine Tiefkühltruhe aus oder streikte in einer Wirtschaft der Grill – er war sofort zur Stelle und brachte die Sache in Ordnung. Der Leser mag sich vorstellen, welch schwierige Aufgabe dies sein mag, bei der Vielfalt der heutigen Geräte und der Ungeduld mancher

Kunden. Wie mir von anderer Seite berichtet wurde, war ihm aber nie etwas zuviel. Sogar an Heiligabend konnte man ihn holen, und er lachte noch dabei.
Vor vier Jahren war geheiratet worden, beide hatten sie schon eine gescheiterte Ehe hinter sich. Die Kinder aus beiden ersten Ehen waren erwachsen, und so dachten Erika und Kurt, jetzt endlich, ohne viele Belastungen, gemeinsam zu einem glücklichen Leben zu kommen. Aber ein halbes Jahr später, nachdem sie zu ihm in sein Haus gezogen war, begannen die bereits erwähnten Beschwerden.
Für alle Beteiligten war dies ein absolutes Rätsel. Kurt schimpfte nie, trank nicht, ging nicht fremd, er las seiner Frau jeden Wunsch von den Augen ab. Einzig ihre Schwiegermutter, die mit im Haus wohnte, war etwas problematisch. Sohn Kurt war dies gleichgültig, denn er hatte bereits in frühester Jugend gelernt, gegenüber seiner Mutter abzuschalten, sie links liegen zu lassen. Erika dagegen, die es allen rechtmachen und zu allen lieb sein wollte, kam mit diesem Hetzen/Attackieren und Abwerten ihrer Schwiegermutter nicht klar. Wenn sie ihren Mann um Unterstützung bat, so wußte er nur zu sagen: »Mach es wie ich, überhör's und geh deiner Wege!« Ihm half wohl diese Strategie, Erika konnte diese Methode nicht anwenden.
Bevor ich jetzt aber näher auf das Aggressionsmuster in diesem Haus eingehe, scheint es mir sinnvoller zu sein, kurz das Jugendszenarium von Erika darzustellen. Die ersten zwei Jahre lebte sie mit ihren Eltern in einem kleinen, bäuerlichen Ort. Der Vater war bei der Eisen-

bahn beschäftigt und wegen seines Wechselschichtdienstes nicht erziehungsrelevant. Ihre Mutter war eine Seele von Mensch, sie verwöhnte ihr Töchterchen über die Maßen. Als Erika zwei Jahre alt war, zog die Familie in einen anderen Ort um und bewohnte dort eine größere, komfortablere Wohnung. Der Verdienst des Vaters reichte für diese neue Situation nicht aus, die Mutter mußte ganztags mitverdienen gehen. Erika wurde bei ihrer Großmutter mütterlicherseits untergebracht.
Diese Großmutter muß – nach den Berichten von Erika – ein Scheusal gewesen sein (wenn Erika von ihr erzählte, so wurden heute noch ihre Augen ganz klein, die Hände verkrampften sich zu Fäusten!). »Die brüllte mich nur immer an, schikanierte mich, suchte mit großer Vorliebe die schlimmsten Dreckarbeiten für mich aus. Schon meine Mutter hatte sie nur auf die Welt gesetzt, um eine nützliche Arbeitskraft zu haben – das hatte sie mir mal ins Gesicht geschleudert –, und ich mußte dann die Fortsetzung sein.«
Wenn wir jetzt einmal, im Sinne des hier vorgelegten Diagnose- und Therapiemodells, Struktur in diese Familiengeschichte hineinbringen, so stellt sich uns folgendes dar: Erikas Großmutter: Typ Angst vor Fehlern. Damit deren Tochter – also Erikas Mutter: Typ Angst vor Schwäche. Dieses überbehütet, überkontrolliert Erika während der ersten zwei Jahre und setzt ihr damit Angst vor Fehlern. Danach, weil die Mutter jetzt arbeiten gehen muß, kommt es für Erika zu dem alle erschütternden Verlusterlebnis, und sie muß sich nun für ihre Großmutter nützlich machen: Angst vor Schwäche.

Da sich aber Erika einen Ehemann mit Angst vor Schwäche aussucht, muß in ihr der Anteil mit Angst vor Fehlern überwiegen. Sie erzählte mir auch, daß sie überhaupt nicht gerne Fehler machen würde und sich nur schwer entscheiden könne. Die Mutter von Kurt war übrigens leicht als ein Typ mit Angst vor Fehlern zu entdecken, folglich überengagierte sie ihn *für sich,* er mußte Angst vor Schwäche entwickeln.
In dem neuen Haus, in das Erika nun nach ihrer zweiten Heirat eingezogen war, hatte sie sich aber auf das perfekteste ihre Jugendbühne nachgestellt. Ihr Mann (wie ihre Mutter) wies ihr durch seine sicher liebgemeinten Überbehütungsstrategien ununterbrochen Versagen, Unzulänglichkeit nach, er entmutigte sie zutiefst (siehe nochmals die Abbildung 2 auf Seite 66. Gleichzeitig gab es von ihrer Schwiegermutter dieselben »Schläge« wie damals von ihrer Großmutter: Hetzen usw. (siehe Abbildung auf Seite 66). Auf beide Aggressionsformen reagierte sie hochempfindlich. Sie hatte sich schon als Kind nicht dagegen wehren dürfen. Jetzt, im Zusammenwirken von Ehemann und Schwiegermutter, mußte sie zusammenbrechen, sich in eine Krankheit retten.
Auch die Symptomatik, das Haus nicht verlassen zu können, war kein Zufall. Während der Zeit der Scheidung hatte ihr erster Ehemann, als sie einmal kurz das Haus verlassen hatte, um Besorgungen zu erledigen, in einem Anfall von blinder Wut mit einem Beil die ganze Wohnung kurz und klein geschlagen. Neben dem Schaden der völlig zerstörten Wohnung hatte es auch noch einen solchen Lärm gegeben, daß die ganze Nachbar-

schaft aus den Fenstern hing und schadenfroh das Geschehen genoß. Da für Erika der Gedanke »Was sagen die Leute?!« äußerst wichtig war, konnte es keine größere Schande geben als ein solch blamables Spektakel.
Wie bereits beschrieben, war Erikas zweiter Mann ein wunderbarer Handwerker, der auch in seinem Haus alles in bester Ordnung hielt. Es durften keine Fehler passieren, nichts kaputtgehen. Unbewußt saß jetzt Erika immer noch die Angst im Nacken: »Verlasse ich das Haus, dann kann das was zu Bruch gehen, und mein lieber Mann, auch wenn er nie schimpft, wird mir das nicht verzeihen.«
Entscheidend für den Erfolg der Therapie war, daß ich bereits in der ersten Stunde Erika unmißverständlich zu verstehen gab, sie sei fähig, ihr Leben selbst in die Hand zu nehmen. Sie solle von nun an selbst ihre Medikamenteneinnahme bestimmen, ihrem Mann striktes Hausarbeitsverbot erteilen. Er dürfe nur noch mithelfen, wenn sie dies ausdrücklich wünsche. Ich machte ihr auch Mut, mal einen gewaltigen Krach mit ihrer Schwiegermutter zu riskieren. Ich gab ihr die Erlaubnis, endlich einmal zurückzubrüllen. Sie schaffte dies, und seitdem ist Ruhe.
Insgesamt benötigten wir sechs Doppelstunden familien-psychotherapeutische Arbeit, dann waren sämtliche Beschwerden verschwunden: Erika kann einkaufen, gehen, wohin sie will, sie verläßt das Haus zu ausgedehnten Spaziergängen, sie hat inzwischen ihre Arbeit in der Gastwirtschaft wieder aufgenommen. Weder Herzrasen noch Kopfschmerzen noch gelähmte Beine plagen sie, sie fühlt sich wie neu geboren. Von großer Hilfe für die-

sen schnellen und durchschlagenden Erfolg war aber auch die große Einsichtsfähigkeit von Kurt. Er beharrte nicht auf seiner Besserwisserei, er lernte es, mit Leichtigkeit zu ertragen – und zu *genießen* –, daß zu Hause Erika vorwiegend die Verantwortung trägt. Er konnte sie in die Gesundheit entlassen. Einige Kunden seiner Firma allerdings werden vielleicht in Zukunft etwas murren mögen. Kurt kann inzwischen locker nein sagen, in seiner Freizeit repariert er keine Geräte mehr.

Zu Beginn jeder familien-psychotherapeutischen Arbeit bitte ich stets alle Beteiligten, einen schriftlichen Auftrag mitzubringen. Jeder möge aufschreiben, was er sich von der Zusammenarbeit mit mir erhofft, was sich für ihn oder an ihm ändern soll. Auch soll jeder notieren, was er eventuell im Zusammentreffen mit mir befürchtet, und was seiner Meinung nach zum Krankheitsgeschehen beigetragen hat. Rainer, dreißig Jahre alt, verheiratet mit Ute, vierundzwanzig Jahre alt, hatte diesen Auftrag formuliert:

Das Therapieziel für mich ist, daß
a) ich bei verschiedenen Ereignissen (z. B. Busfahren, Essengehen, Kirchen- bzw. Kinobesuch usw.) nicht gegen eine aufkommende Angst kämpfen muß. Durch vorgenannte Ereignisse *fühle ich mich in eine Art Enge getrieben* [unterstrichen von Rainer]. Finde ich keinen Ausweg, mündet die Angst darin, daß ich mich übergeben muß.
b) die Beschwerden im Hals-Nasen-Bereich (ständige

Sekretbildung, Druck- bzw. Kloßgefühle), die als eine Art Erwartungsgefühl auftreten, abklingen bzw. verschwinden.
Zu a) diese Symptome habe ich schon seit meiner Kindheit.
Zu b) diese Beschwerden begannen während der Bundeswehrzeit. Damals jedoch in abgeschwächter Form, meistens nach den Mahlzeiten. Intensiver sind all diese Beschwerden in den letzten Jahren geworden.

Ute hatte aufgeschrieben:
Als Therapieziel für meinen Mann erhoffe ich mir:
1. Daß er ohne Angstgefühl weggehen kann, z. B. ins Kino, zu Bekannten und vor allem zum Essen.
2. daß er nicht alles als Streß ansieht, z. B. Besuche bei guten Bekannten,
3. daß der Husten und das Würgegefühl verschwinden, vor allem morgens.

Die ersten Sekunden unseres Zusammentreffens gaben mir bereits eine Menge Hinweise. Hocherhobenen Hauptes kam Ute, recht energisch auftretend, daher. Zielbewußt steuerte sie ihren Sitzplatz an, während er noch an der Garderobe beschäftigt war. Ruhig und entspannt, locker nach hinten gelehnt, saß sie in ihrer Couchecke, ihren Mann hin und wieder mit einem Blick streifend, etwa mit dem Ausdruck: »Na, Jungchen, nun erzähl mal schön brav dem lieben Onkel Doktor deine komischen Wehwehchen.«
Rainer rutschte, den Kopf zwischen den Schultern ein-

gezogen, auf der vordersten Couchkante herum, wagte nur ganz selten einen flüchtigen Blick zu seiner Frau. Als wir kurz ihre Familienbiographie durchgingen und ich ihn fragte, warum er denn nun Ute geheiratet habe, was er damals so umwerfend an ihr gefunden habe, erschien aber auch nicht das leiseste Leuchten in seinen Augen, das Gesicht blieb regungslos wie Stein, der Kopf weit abgewandt von seiner Frau. Ute hatte also eine absolute Herrschaftsposition gewonnen, sie war der Boß, und damit gesund!

Auch wenn sie in ihrem Therapieauftrag formuliert hatte, ihr Mann möge wieder gesund werden, so konnte ich ihr dies nach ihrem gezeigten Verhalten schlecht glauben. Irgendeine hilfreiche Äußerung über ihren Mann Rainer war von ihr nicht zu bekommen. Wenn ich etwas von ihr, ihren Beziehungsstrategien erfahren wollte, so kam stereotyp diese oder eine ähnliche Antwort: »Na klar, da bin ich explodiert. Aber doch nur, weil Rainer wieder dies und jenes gemacht hat!« Immer war Rainer schuld. Einen Anteil bei sich, mitverantwortlich für die vielen Streitereien zu sein, das konnte sie noch nicht sehen, das war ihr unmöglich, zuzulassen.

Ich fragte sie daher eines Tages, was das für sie bedeuten würde, wenn Rainer – beispielsweise durch die berühmte Fee bewirkt – über Nacht völlig gesund wäre. Wenn er also wieder ab morgen früh, jung und dynamisch, ungehindert von Ängsten und andern Symptomen, seinen sportlichen Aktivitäten nachgehen, Kinos, Kirchen, Restaurants und Freunde besuchen könnte.

Sie fuhr sichtbar zusammen: »Bloß das nicht!« rutschte

es ihr heraus, »das wäre dann ja wieder so wie früher!« – »Verstehe ich nicht«, versuchte ich sie am Reden zu halten. »Wissen Sie«, redete sie jetzt auf einmal aufatmend, erleichtert, weiter, »ich war sechzehn, er zweiundzwanzig Jahre alt, als wir uns kennenlernten. Ich also noch ein unerfahrenes, junges Küken, er der große, alles könnende Mann. Er plante alles, machte alles, bestimmte alles. Für jede Woche, für jeden Monat hatte er im voraus bereits ein Drehbuch geschrieben, und ich hatte hinterherzutraben. Das war einfach absolut selbstverständlich, daß ich bei all seinen Aktivitäten teilzunehmen hatte, und wenn es mir doch mal gelang, ihn zu Freunden von mir mitzuschleifen, so gähnte er vor Langeweile. Als ich dann älter würde und mich langsam zu wehren wußte, gab es halt dauernd Krach!«

Beide waren in diesem Augenblick doch recht verblüfft, wahrnehmen zu müssen, daß Ute – zu Recht – in ihrem Innersten gar nicht wollte, daß ihr Mann wieder gesund wurde. Mußte sie doch dann befürchten, daß die Rumkommandiererei von früher wieder losgehen würde.

Rainer war von seiner Mutter, Typ Angst vor Fehlern, mehr sich selber überlassen worden, er wurde daher von der Angst vor Schwäche getrieben. Aber auch sein Vater, Typ Angst vor Schwäche, hatte ihm später erheblich zugesetzt, so daß er schließlich unter beiden Ängsten, mit Schwergewicht bei Angst vor Schwäche, zu leiden hatte und somit äußerst anfällig für Störungen war.

Ute, in ihrer Jugend extrem überbehütet, überkontrolliert, hielt sich raus. Mit größter Selbstverständlichkeit konnte sie zum Beispiel vom Frühstückstisch aufstehen,

Rainer hatte aufzuräumen. Sie fühlte sich durch ihren Beruf vollkommen ausgelastet, die gesamte Verantwortung für Haus und Familie schob sie ihrem Mann zu. Kein Wunder, daß dieser nicht mehr zu seinen eigenen Interessen kam, sich zunehmend eingeengt fühlte. Seine Angst, irgendwohin nach draußen zu gehen, war somit sehr sinnvoll, mußte er doch so immer bei seiner Frau bleiben. (Hatte er es zu Beginn seiner Partnerschaft doch noch gewagt, alleine auszugehen und auch später nach Hause zu kommen, so war Ute wie eine Tigerin auf ihn losgegangen, und die Fetzen waren geflogen.)
Zu Beginn ihrer Ehe war es Rainer noch gelungen, Ute durch seine Überaktivität und durch seine Besserwisserei ständig Fehler nachzuweisen. Ute: »Nach der Hochzeit zeigte er mir doch tatsächlich, wie ich die Küche aufzuräumen und das Tuch zum Geschirrabtrocknen zu halten habe. Alles war verkehrt, was ich damals machte!« Durch sein Verhalten drohte Rainer, seine Frau immer mehr zu entmutigen und zu lähmen. Sie wurde aber älter, erwachsener und drehte eines Tages den Spieß um. Sie kümmerte sich um nichts mehr und veranlaßte jetzt ihren Mann, sei es, daß sie einfach nichts tat, sei es durch direkte Befehle, mehr zu tun, als dieser im Grunde wollte. So war sie es jetzt, die ihren Partner daran hinderte, seine Bestimmung, seine Melodie zu finden. Beide kannten nur ihre, ihnen eigene aggressiven Lebensmethoden. Es war ein ständiger Kampf um die Vorherrschaft, wobei beide immer wieder unglücklich bleiben mußten – egal, wer nun gerade die Oberhand hatte. Den dritten Weg haben die beiden erst über die

Therapie erfahren. Rainer darf schwach sein. Er braucht nicht mehr alles zu erledigen. Ute steigt verantwortlich in das Familiengeschehen ein. Ute darf Fehler machen, sie braucht sich nicht mehr um Perfektion zu kümmern. Rainer wird jetzt ihre Lösungsvorschläge ohne Besserwisserei akzeptieren und gut finden.

Rainer wird bei zukünftigen Unternehmungen Ute in die Planung mit einbeziehen, er wird sich auch bei Utes Vorschlägen beteiligen. Dadurch, daß beide sich möglichst der Übergriffe auf den anderen enthielten, die Individualität des anderen achten lernten, bildeten sich sukzessive die Beschwerden von Rainer zurück, und auch Ute gewann jetzt erstmals in ihrem Leben Ausgeglichenheit und Zufriedenheit.

Über das Sinnvolle vieler Erkrankungen

Sylvia war neunzehn Jahre alt, als sie meine Sprechstunde das erste Mal besuchte. Sie fühle sich müde, könne unendlich viel schlafen, ihr sei oft schwindelig, gelegentlich drehe sich alles. Ihre Mutter habe auch gemeint, sie sehe sehr blaß aus. Außerdem würde ihre Haut wieder vermehrt jucken, diese ewige Kratzerei ging ihr zunehmend auf die Nerven. Sie habe Angst, daß sie an einer Krebskrankheit leiden würde und daß sie bald sterben müßte. Bei der gründlichen Untersuchung konnte ich außer den seit drei Jahren bekannten Hautveränderungen infolge einer Neurodermitis nichts Ungewöhnliches feststellen. Auch das EKG sowie die orientierenden Blutuntersuchungen waren unauffällig. Die Lunge war erst vor kurzem geröntgt worden. Organisch war alles in Ordnung.
Die isolierte Untersuchung des Körpers von Sylvia brachte mich nicht weiter, wie so oft in der heutigen Schulmedizin. Also begann ich behutsam zu fragen, in welche Beziehungssysteme Sylvia eingebunden war, wo sie eventuell Probleme nicht lösen konnte, vor welchen Konflikten sie stand.
»Wann begann denn die Geschichte mit der Juckerei, der Neurodermitis, und was war damals um Sie herum los, was gab es zu der Zeit Neues für Sie?« tastete ich mich voran. »Oh, das ist ganz einfach, das weiß ich noch ganz genau«, ging Sylvia freudig auf mein Angebot ein.

»Das war im Herbst vor drei Jahren. Ich war damals sechzehneinhalb und begann, mich langsam für Discos zu interessieren und natürlich auch für die Jungen. Meine Eltern erlaubten mir, abends länger wegzubleiben. Sie hatten vorher immer ein sehr wachsames Auge auf mich.« – »Wer war denn mehr um Sie besorgt, Mutter oder Vater?« wollte ich wissen. »Das ist richtig, Herr Doktor. Jetzt bringen Sie mich erst wieder drauf! Mein Vater hatte nichts dagegen, wenn ich mit Jungen rumstand, auch mal später nach Hause kam. Meiner Mutter dagegen war das gar nicht recht. Die würde mich heute noch allzu gerne an der ganz kurzen Leine halten. Die beiden waren sich da überhaupt nicht einig. Da war immer eine irre Spannung zu Hause, und ich stand dazwischen. Und wenn ich dann mal was machte, womit mein Vater einverstanden war, meine Mutter aber war dagegen, so zog sie entweder ein beleidigtes Gesicht, oder sie fing wieder mit ihren Asthmaanfällen an.«

»Jeder Mensch hat seine eigene Neurodermitis«, gab ich ihr zu bedenken, »der eine hat seine Beschwerden mehr in den Ellenbogen- oder Kniebeugen, der andere hat eher Pickel im Gesicht, der dritte muß sich am Hals kratzen. Wo hatte es Sie hauptsächlich erwischt?« – »Im Gesicht! Ich sah aus wie ein Streuselkuchen. In den Gelenken hat es zwar auch gejuckt, aber das wäre ja noch auszuhalten gewesen.« – »Wenn nun ein junges, hübsches Mädchen Pickel im Gesicht hat, was für Schwierigkeiten könnte es da kriegen, was kann es da vielleicht nicht mehr so leicht tun?« fragte ich weiter.

Völlig verdattert schaute sie mich an und erinnerte sich

dann: »Natürlich, ich habe damals geschmiert und gesalbt wie verrückt, bloß um diese Pusteln wegzukriegen. So konnte ich mich ja nicht unter die Leute trauen. Die jungen Männer frotzelten unentwegt, erbarmungslos. Die Folge war, daß ich dann oft zu Hause geblieben bin. Meinen Sie wirklich, daß ich die Ausschläge im Gesicht nur bekommen habe, um nicht ausgehen zu können? Ich wollte doch endlich raus und unter die Leute!«
»Ich denke schon, daß die Pickel daher kommen«, meinte ich, »aber Sie können ja einmal die Probe aufs Exempel machen. Immer wenn es wieder juckt oder die Pickel im Gesicht mehr werden, schauen Sie einmal um sich herum und prüfen Sie, ob das alles in diesem Augenblick so läuft, wie Sie sich das vorstellen. Oder ob Sie sich gezwungen fühlen, da gerade etwas ganz anderes zu machen, als Sie im Grunde eigentlich möchten. Ergänzend möchte ich Ihnen noch folgende Hilfestellung geben: Ich vermute, daß Sie sehr ungern Fehler machen!« (Im Umgang mit Patienten, die an einer Neurodermitis leiden, habe ich immer wieder die Erfahrung gemacht, daß dieses Menschen Angst haben, Fehler zu machen).
Sylvia wurde rot und stotterte: »Sind Sie Hellseher? Hat meine Freundin, die draußen im Wartezimmer sitzt, Ihnen etwas über mich verraten? Das gibt es doch nicht! Sicher, haben Sie mal zwei Eltern, wo der eine immer hüh! und der andere hott! sagt, und jeder will, daß man ihm gehorcht, und man weiß, dem anderen ist dies nun wieder gar nicht recht. Da muß man doch Angst bekommen, die Erwartungen der anderen nicht zu erfüllen. Na

ja, und Fehler habe ich noch nie im Leben gern gemacht, oder, wenn ich welche gemacht habe, so kann ich sie nicht zugeben!« (Diese Patientin schilderte mir somit spontan ein Jugendszenarium, wie ich es bei all den anderen, an einer Neurodermitis erkrankten Patienten, immer wieder vorgefunden hatte.)
»Also, ich verschreibe Ihnen jetzt folgendes«, dabei griff ich zu einem Spezialrezeptblock (der Vordruck sieht einem Privatrezept ähnlich, ist aber wesentlich größer): »Sie haben von mir die Erlaubnis, ohne Rücksicht auf Verluste, Fehler zu machen. Sie dürfen auch immer wieder einmal die Erwartungen der anderen enttäuschen, beziehungsweise auch mal schuldig sein!«
»Mann, wäre das schön«, staunte sie ganz aufgeregt, »ob ich das schaffe?« – »Versuchen Sie's! Fahrradfahren konnten Sie auch nicht gleich vom ersten Tag an, und Sie sind dabei sicher ein paarmal auf die Nase gefallen, dennoch haben Sie nicht aufgegeben. Ich traue Ihnen zu, daß Sie das packen! Wenn ich aus dem Urlaub zurück bin, würde ich sehr gerne wieder von Ihnen hören!«
Anfang September war Sylvia wieder in meiner Sprechstunde: »Herr Doktor, ein Wunder ist geschehen, die ganze Neurodermitis ist weg, einfach weg. Was habe ich nicht die letzten drei Jahre alles angestellt, Geld und Zeit verloren, nichts half. Eingestandermaßen, das mit der Ehrlichkeit war gemein von Ihnen. Das hat mich ganz schön Überwindung gekostet, panische Angst kam oft in mir hoch, wenn ich einfach so knallhart das gesagt habe, was ich wirklich meine, wie ich die Dinge sehe. Aber dann habe ich auf einmal bemerkt, wie gut das tut,

wie das entspannt, und fast nie waren mir die Leute böse. Im Gegenteil, die suchen heute meine Meinung. Ich habe sogar inzwischen einige neue Freunde dadurch gewonnen. Na ja, und das mit dem Fehlermachen! Mein Chef hat ganz schön dumm geguckt, als er mich mal im Labor erwischte und ich laut und deutlich vor mich hin sagte: Ich darf Fehler machen, ich darf Fehler machen! Aber ich habe jetzt schon viel weniger Angst, mir und anderen einzugestehen, wenn ich mal was falsch gemacht habe. Was habe ich mich da früher immer bei dem kleinsten Fehler aufgeregt, nächtelang nicht geschlafen. Nur die Müdigkeit, die ist noch da. Nicht mehr ganz so schlimm, aber ich hab' noch nicht den alten Schwung von früher!«

Die Problematik von Sylvia läßt sich wie folgt beschreiben: Sie wurde von ihrer Mutter extrem gelenkt, beschäftigt und überkontrolliert. Somit befand sie sich wie unter einer Käseglocke zu Hause gefangen, und gleichzeitig wies ihr ihr Vater immer wieder nach, daß sie stets alles falsch gemacht hatte. Sie befand sich somit in einer für sie nicht auflösbaren Zwickmühle: Sylvia durfte das Haus nicht verlassen, denn ohne sie war ihre Mutter hilflos. (Ihre Mutter hatte eine große Angst, allein gelassen zu werden, fand keine Nähe bei ihrem Mann und versuchte nun dieses Loch durch die permanente Anwesenheit ihrer Tochter zu stopfen.) Sylvia hatte demnach Verantwortung für ihre Mutter zu tragen, und gleichzeitig wurde sie aber hieran durch die Angst, einen Fehler zu begehen behindert.

Sie erlebte sich somit zu Recht ständig getrieben und sah

sich gehindert, eigene Wege zu gehen, ihre Selbstbestimmung zu leben.
Das berühmte Faß lief in dem Augenblick über, als Sylvia, ihrem Alter entsprechend, das Haus mehr und mehr verlassen und auch Freundschaften mit jungen Männern eingehen wollte und ihr dies wiederum verboten wurde. Die Neurodermitis »schützte« sie vor dem »Verlassen« ihrer Mutter.
Sie erhielt jetzt von mir den Rat: »Leben Sie mehr und mehr Ihre Begabung, Berufung, Selbstbestimmung, und hierbei dürfen auch Fehler gemacht werden! Sie dürfen das Leben in vollen Zügen genießen!«
Sylvias Geschichte zusammenfassend, kann ich feststellen, daß ihre Neurodermitis durchaus sinnvoll, passend und nützlich für sie war. Da sie sich aus Angst vor ihrer Mutter nicht getraut hat, in die Disco zu gehen, obwohl sie eigentlich sehr gerne hingehen wollte, löste sie diesen Konflikt dadurch, daß sie sich in ihre Pickel im Gesicht rettete, in ihre Neurodermitis. Damit war ja für alle *sichtbar,* warum sie nicht ausgehen konnte. Es kam noch ein anderer Nebenaspekt zutage: Sylvia sieht gut aus, und was liegt da näher, als daß dieser oder jener junge Mann seinen Arm um sie legt. Einerseits war ihr das nicht unangenehm (Zärtlichkeit ist doch etwas Schönes!), aber andererseits sperrte sich in ihr etwas ganz Unheimliches gegen den zu nahen Hautkontakt: Ihre Mutter hatte mit Hautkontakt nie etwas anfangen können, und so war ihr jede Form von körperlicher Nähe ziemlich fremd und unheimlich. Bei Wärme aber bereitete die Neurodermitis mehr Beschwerden, das heißt,

wenn sie jemand umarmte, juckte die Haut auf einmal mehr.

Der Zeitaufwand für die Lösung der Probleme war gering. Für das Erstgespräch und die körperliche Untersuchung benötigte ich fünfundvierzig Minuten. Für die Besprechung der Ergebnisse und die Verschreibung, Fehler machen zu dürfen und mehr Selbstbestimmung zu wagen, waren noch mal dreißig Minuten erforderlich. Den Rest erarbeitete Sylvia sich selbst. Ein dreijähriges Leiden, die Neurodermitis, hatte sein Ende. Auch die Müdigkeit, die Angst, nun allein ins Leben hinauszugehen, wird Sylvia in den Griff bekommen.

Wir können unser Leben mit einem Querfeldein-Hindernislauf vergleichen. Mal gilt es einen Bach, mal eine lange Steigung, mal umgefallene Baumstämme zu überwinden. Ein Leben ohne Problemstellungen würde den Tod bedeuten. Ein Muskel, der nicht täglich gefordert, geübt wird, bildet sich zurück, stellt mit der Zeit seine Funktion ein.

Auf der Universität haben wir Ärzte im Rahmen unserer Ausbildung gelernt – und dieses Vorgehen ist sicherlich auch in Zukunft für manche Fragestellungen sinnvoll –, einen menschlichen Körper zu analysieren und mittels Tasten, Abklopfen, Horchen und dann weiter mittels Blutuntersuchungen, EKG, Röntgen bis hin zum Computertomogramm zu einer Diagnose zu gelangen, aus der sich dann die entsprechende Therapie ableitet.

Diese auf der ganzen Welt durchgeführten Verfahren lassen aber einige Fragen unbeantwortet. Es bereitet immer noch größte Mühe, manche Erkrankungen sinnvoll einzuordnen. Die Grenze beispielsweise zwischen weichteilrheumatischen Beschwerden und funktionellen (nervösen) Beschwerden ist derart fließend, daß es hier oft müßig ist, eine Unterscheidung treffen zu wollen. Bei vielen Erkrankungen aber, die wir mühelos erkennen, einteilen und klassifizieren können, wissen wir nichts über die Ursache. Zahlreiche Menschen werden im Lauf ihres Lebens mit Tuberkelerregern infiziert, aber nur wenige erkranken an einer Tuberkulose. Warum?

Daran schließt sich die dritte Problematik an. Wir versuchen, mit Medikamenten viele Erkrankungen zu behandeln, zum Verschwinden zu bringen, ohne aber, wie oben gezeigt, deren lückenlose Ursachenkette zu kennen. Ist es da ein Wunder, wenn so manche Therapien nicht zu dem gewünschten Erfolg führen? Sei es, daß sich von Anbeginn an keine positive Wirkung einstellt, sei es, daß nach anfänglicher Besserung die alten Beschwerden wieder auftreten, sei es, daß eine neue, andere Erkrankung entsteht. Es wäre sicher falsch, der heutigen Universitätsmedizin daraus einen Vorwurf zu machen! Die vorgegebene Methode, das vorhandene Denkschema, nur den Einzelpatienten *isoliert* zu betrachten, kann einfach nicht mehr leisten. Der Arzt an der Universität oder im Krankenhaus sieht jedoch nun einmal nur den einzelnen, den sichtbar Erkrankten, den Indexpatienten, und nicht seine Umgebung, vor allem sein Familiensystem.

Als vergleichendes Beispiel möchte ich die Situation im Bereich der Physik schildern: Bereits vor über fünfzig Jahren mußten Atomphysiker wie W. Heisenberg, N. Bohr und andere akzeptieren, daß ein isoliertes Betrachten und Erforschen eines Teilchens, insbesondere einen subatomaren, gar nicht mehr möglich ist. Nur indem man Atome und ihre einzelnen Bestandteile aufeinanderprallen ließ, waren Rückschlüsse auf die einzelnen Partikel möglich. Die Physiker machten sich bereits damals das *Beziehungsdenken* – im Bereich der subatomaren Teilchen – zu eigen. Nur nannten sie ihr Vorgehen nicht Beziehungsdenken, sondern sie sprachen von Wechselwirkungen. So aber wie die subatomaren Teilchen wechselwirken, das heißt aufeinander Wirkung zeigen, so beeinflussen auch wir Menschen uns immer wieder gegenseitig – sei es im Guten wie im Schlechten: Wenn Menschen gelungen miteinander kooperieren, entstehen enorme Leistungen. Wenn sie beispielsweise im Betrieb in negativer Weise miteinander umgehen, entsteht Mobbing. Einzelne werden krank und müssen gar in Rente. Der heutzutage hier entstandene Schaden wird bereits auf Milliarden DM geschätzt – ganz abgesehen von dem persönlichen Unglück der Betroffenen.

Diese Erkenntnis spiegelt übrigens eine Einsicht wider, zu der die Weisen des Hinduismus, Buddhismus und Taoismus bereits vor zweieinhalbtausend Jahren gekommen sind (siehe auch das Buch von F. Capra: »Das Tao der Physik«). Eine ihrer wesentlichen Aussagen ist, daß nichts in dieser Welt isoliert betrachtet werden kann, sondern daß alles aufeinander bezogen ist.

Der Arzt als Konfliktforscher

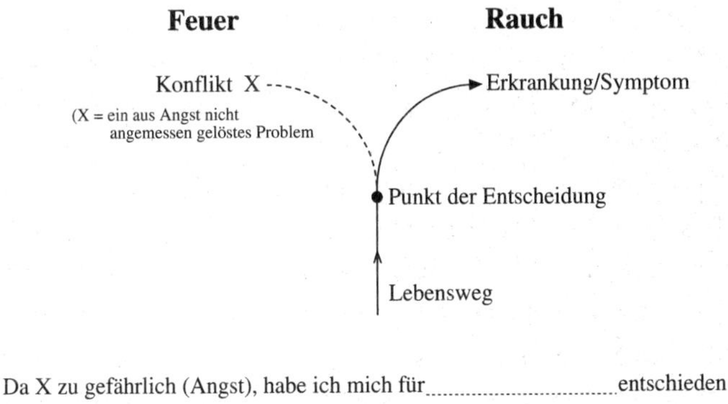

In der Abbildung 4 habe ich die vielen Erkrankungen zugrundeliegende Situation noch einmal graphisch dargestellt. Das Leben stellt uns täglich vor eine Reihe zu lösender Aufgaben und Probleme. Eine Aufgabe wird dann erst zum unüberwindbaren Problem (= Konflikt), wenn man sich aus Gründen der Angst nicht traut, eine angemessene Lösung herbeizuführen.

Im Laufe meiner vierzehnjährigen Hausarztpraxis ist mir klargeworden, daß viele Erkrankungen nicht für sich allein und zufällig entstanden sind, sondern daß all diese Erkrankungen etwas mit dem Familienszenarium des Betroffenen zu tun haben.
Behandelte ich also nur den Symptomträger, den Indexpatienten, so bekämpfte ich im Grunde genommen nur den »Rauch«. Das »Feuer«, eine wesentliche Mitur-

sache für die Krankheit, lag ganz woanders. Überspitzt formuliert: Im Patienten saß in gewisser Weise der Falsche vor mir, zumindest jedoch fehlte ein entscheidender Teil!
Es stellte sich immer wieder heraus, daß der Patient zu Hause, in seiner Partnerschaft (selten ausschließlich am Arbeitsplatz) mit Problemen konfrontiert war, die er aufgrund seiner Lebensbewältigungsstrategien – die ihm in der Jugend beigebracht wurden – einfach nicht angemessen lösen konnte. Wollte er aus der Partnerschaft, der Ehe nicht aussteigen, so blieb ihm gar nichts anderes übrig, als sich in eine passende Erkrankung zu *retten.* Sein Handwerkszeug, seine Lebensmethode, zwang ihn, den Konflikt über eine Erkrankung zu lösen, dem Konflikt durch eine Erkrankung zu entgehen!
Hier gibt es immer wieder Mißverständnisse. Es wird mir oft entgegengehalten: »Aha, dann sind das alles Simulanten, eingebildete Kranke!« Zu seinem ohnehin schon lebensbeeinträchtigenden Leiden wird dem Patienten durch diese Interpretation noch zusätzlich Unrecht getan! Der Vorwurf des Simulantentums, des eingebildeten Kranken, ist wirklich nicht korrekt! Der Patient leidet tatsächlich an seinen Beschwerden, an seiner Krankheit. Von den Migränekopfschmerzen, den nervösen Herzbeschwerden bis hin zum Herzinfarkt, den Durchfällen und Koliken existieren diese Erkrankungen und sind durchaus keine Einbildung. Auch geschieht das Ausweichen in die Krankheit nicht bewußt, sondern ist ein Ereignis, das dem Patienten – ohne Kenntnis der Zusammenhänge – geschieht und ihn be-

lastet: Der Körper reagiert mit seinen Krankheitssymptomen völlig selbständig und für den Betreffenden absolut unbewußt!
Es läßt sich auch dahingehend argumentieren, daß es ein gnädiger Akt der Natur ist, uns bei mangelhaften Lebensbewältigungsstrategien in Krankheit zu entlassen, ohne uns unser Scheitern im Leben so drastisch und klar vor Augen zu führen. Es wäre doch sehr grausam, wenn man ununterbrochen das eigene Versagen an irgendeinem Problem immer wieder wahrnehmen müßte, *ohne* Lösungsmöglichkeiten zu haben, ohne sich irgendwie retten zu können.
In der Therapie ändert sich die Situation. Hier werden allen Beteiligten, und besonders natürlich dem Patienten, die krank machenden Zusammenhänge aufgedeckt, aber gleichzeitig wird ihnen verdeutlicht, wie sie in Zukunft gelungener, aggressionsärmer miteinander umgehen können. Es werden neue, nützlichere Lebensbewältigungsstrategien angeboten. Von akuten, lebensbedrohlichen Situationen abgesehen, interessiert mich daher heute das vorgezeigte Symptom, der »Rauch«, weit weniger, sondern ich suche den dahintersteckenden Konflikt, das »Feuer«.
Wie die Hexe bei Hänsel und Gretel sich durch den vorgehaltenen falschen Knochen immer wieder reinlegen ließ, so komme ich mir oft vor, wenn ein Patient hartnäckig darauf besteht, daß nur über seine Krankheit und sonst gar nichts geredet werden darf: »Herr Doktor, ich spinne doch nicht, auch habe ich keine Probleme. Ich hab's doch nur am Magen!« Das hier angeführte Bei-

spiel ist allerdings insofern nicht ganz richtig, da Hänsel und Gretel ganz bewußt und absichtlich einen falschen Knochen vorhielten, während dem Patienten die Zusammenhänge seiner Erkrankung nicht klar sind, nicht klar sein *können!*

Es gilt nun, die Strategien dieser Patienten liebevoll zu akzeptieren, denn hinter ihrem Beharren auf einer rein organischen Erkrankung steckt stets eine wahnsinnige Angst, Konflikte wahrnehmen zu müssen. Ein Weltbild kann zusammenbrechen, all die Jahre der Partnerschaft und die Mühsal, die man geduldig ertragen hat, können unter Umständen umsonst gewesen sein. Das zu erkennen fürchten sich viele Erkrankte. Sie klammern sich daher an ihre Symptome, wie der sprichwörtliche Ertrinkende an seinen Strohhalm.

Wie sinnvoll jedoch Beschwerden für den Betreffenden immer wieder sein können, möchte ich nun an einer Reihe weiterer Fallbeispiele darstellen.

Elisabeth, zweiundfünfzig Jahre alt, erkrankte auf einmal an Zungenbrennen. Sie war schon ganz verzweifelt: »Dieses Kribbeln, Zwicken und Brennen auf der ganzen Zunge, besonders aber vorne an der Spitze, macht mich noch verrückt, ich bin schon ganz fertig!« klagte sie. Elisabeth war mir bereits seit Jahren bekannt. Außer einmal einer Grippe oder Muskelverspannungen im Bereich der Wirbelsäule war bei ihr nie etwas Auffälliges gewesen. Ich untersuchte sie aber noch einmal sehr gründlich (sie war bereits vor einem halben Jahr auf eigenen Wunsch routinemäßig internistisch untersucht worden), aber auch diesmal konnte ich nichts finden,

was auf eine schwerwiegende Erkrankung hätte hinweisen können.
Meine bisherige Vorgehensweise hatte keine brauchbaren Ergebnisse gezeigt. Also schlüpfte ich in die Rolle eines Teilnehmers von Elisabeths Leben und begann zu fragen: »Wann hat das mit dem Zungenbrennen denn eigentlich begonnen?« – »Das ist einfach zu beantworten«, machte sie geduldig mit, »das war Anfang des letzten Monats.« – »Warum können Sie das so präzise beantworten, was war da Anfang des vergangenen Monats, was hat sich in Ihrem Leben geändert?« wollte ich weiter wissen. »Geändert ist gut! Ich wollte ja gar keine Veränderung!« brach es erregt aus ihr heraus. »Meinem Mann paßte auf einmal unsere Wohnung nicht mehr. Er wollte auf einmal raus aus diesem für mich sehr schönen Haus. Wir haben da nun schon seit Jahren gelebt, ich kenne fast alle Parteien in dem Block, habe auch manche Freunde. Das alles sollte ich nun über Nacht aufgeben!« – »Wenn ich umziehen wollte, so würde ich dies selbstverständlich mit meiner Frau besprechen, ohne ihr Einverständnis liefe da kaum etwas«, gab ich ihr zu bedenken. »Ihre Frau ist ja auch nicht mein Mann«, lachte sie verzweifelt, »wenn mein Alter sich etwas in den Kopf gesetzt hat, dann macht er das, und wenn er über Leichen gehen muß. Recht hat er sowieso immer, bei dem fließt das Wasser schon seit langem bergauf!« – »Sie haben es wohl sehr schwer, sich bei Ihrem Partner durchzusetzen, zu erreichen, daß auch Ihre Wünsche einmal berücksichtigt werden? Aber manchmal hilft es einem schon, wenn man wenigstens das aussprechen kann, was

in einem vorgeht, was man denkt« versuchte ich, ihr Mut zu machen.
Reflexartig, mit einem entsetzten Gesichtsausdruck fuhr in diesem Moment ihre rechte Hand vor den Mund, und nur ganz leise war zu hören: »Wenn ich zu Hause einmal sage, was ich denke, so kriege ich garantiert was aufs Maul! Ich bin doch für die eh nur die Putzfrau, die von morgens bis abends schuften kann, und auf ein Dankeschön, da kann ich wohl bis zum Sankt-Nimmerleins-Tag warten!« – »Wenn jemand sich ein Bein gebrochen hat, so kann er für die nächste Zeit erst einmal nicht oder nur sehr schlecht gehen. Ist es möglich, daß Ihr Zungenbrennen nicht nur wegen der Schmerzen lästig ist, sondern Sie zusätzlich noch an etwas anderem hindert? Was können Sie weniger tun, wenn es im Mund immer so brennt?« versuchte ich ihr weiterzuhelfen. »Ja, das Sprechen bereitet mir dann Mühe. Wenn ich rede, brennt es nicht nur mehr, sondern dann kommt noch diese unangenehme Trockenheit dazu. Also halte ich lieber den Mund!«
Elisabeth stutzte. In einer Mischung von Verblüffung, Verärgerung und Angst fixierte sie mich intensiv und fragte fast drohend: »Ist das wirklich Ihr Ernst? Jetzt habe ich mich nicht nur ein Leben lang für die Bande zu Hause abgerackert, nein, Sie meinen, jetzt darf ich für die auch noch krank werden?« – »Sie selber werden sich den Beweis erbringen, ob meine Vermutung richtig ist oder nicht. Versuchen Sie, ab hier und heute, ohne Zorn und Hektik, da und dort vorsichtig das zu sagen, was in Ihnen vorgeht, wie sich Ihnen die Welt darstellt. Außer-

dem möchte ich Ihnen Mut machen, öfter nein zu sagen. Ich glaube, es ist an der Zeit, daß Sie noch rechtzeitig beginnen, etwas von Ihren vielen Überstunden abzufeiern, bezahlt bekommen Sie die ja doch nicht!«
Ein heftiges Weinen schüttelte Elisabeth auf einmal. Ich hatte den Eindruck, daß sich Schleusen öffneten, daß sie all den Ärger, den sie bisher treu und brav ein Leben lang hinuntergeschluckt hatte, endlich einmal hinauslassen konnte. Gut, der Umzug war nicht mehr rückgängig zu machen. Aber mit ihrer neuen Strategie, nein sagen zu können, war es für Elisabeth viel leichter, am jetzigen Wohnort auf ihre Nachbarn zuzugehen, für sich selbst zufriedenstellende Kontakte zu schaffen. Zwar hatte sie am alten Wohnort viele Bekannte gehabt, Leute, bei denen sie reden, wenigstens für kurze Zeit ihrem Herzen Luft machen konnte – zu Hause hatte sie ja zu schweigen –, aber im Grunde war sie für alle nur der nützliche Idiot gewesen. Von dem neuen Wohnort befürchtete sie, für die anderen wieder nur schaffen zu können, ohne wenigstens als kleinen Ausgleich einen Ansprechpartner zu haben.
Einige Zeit später konnte mir Elisabeth berichten: »Das Zungenbrennen ist total weg, ich kann es selbst kaum glauben, aber Sie haben recht gehabt. Das Gesicht meiner Tochter [zwanzig Jahre] hätten Sie mal sehen müssen, als ich ihr nicht mehr jeden Morgen ihre Sachen zum Anziehen hingelegt habe. Bisher hat sie die Küche ja nur von außen gesehen. Jetzt bin ich abends ab und zu mal bei Freunden, und meine Tochter macht sich ihr Abendbrot selbst, und siehe da, sie kann das. Mein

Mann hat inzwischen, halb im Ernst, halb im Spaß, mit Scheidung gedroht. Schließlich sei es sein Recht, so sagt er, daß er zu Hause die Füße auf den Tisch legen darf. Aber inzwischen schafft er es, auch schon mal allein in den Keller zu gehen und sein Bier zu holen. Meinem Mann und meiner Tochter, Herr Doktor, hätten Sie eine Zeitlang nicht begegnen dürfen, die waren vielleicht sauer auf Sie! Aber inzwischen hat sich die Aufregung gelegt, und so schlimm sind ja nun meine Leute auch wieder nicht! War ja auch meine Schuld, daß ich mir habe alles gefallen lassen!«

Wenn Sie sich jetzt noch einmal die Abbildung 4 auf Seite 151 ins Gedächtnis rufen, so stellt sich die Problematik von Elisabeth wie folgt dar: Einerseits wollte sie gern reden. Sie hatte viel Persönliches in ihre alte Wohnung und vor allem in die Nachbarn investiert, hatte sich dort ein Forum von Zuhörern aufgebaut. Am neuen Wohnort mußte sie befürchten, keine Ansprechpartner mehr zu bekommen. All dies ihrem Mann zu sagen, war ihr aber verwehrt, da dieser nur seine Interessen kannte und recht laut wurde, wenn man ihm widersprach. Ihr Konflikt: Reden wollen über ihre Befürchtungen – aber sich nicht trauen, da ihr Mann sie dann massivst angreifen würde. Um also ja nicht in die Versuchung zu kommen, sich einmal zu verplappern, »mußte das Zungenbrennen her«. Rettung in die Erkrankung! Seit über einem Jahr ist Elisabeth frei von jeglichen Beschwerden. Begegnen wir uns einmal zufällig im Ort, so führt sie erst lachend ihre rechte Hand vor den Mund, um dann vergnügt Daumen und Finger, wie die Schnabelbewegung

eines Vogels, gegeneinander zu bewegen. Sie will wohl sagen, daß sie sich jetzt traut, all das auszusprechen, was sie bewegt.
Riskant sind solche Einzelinterventionen schon. Aber im Rahmen der Hausarztpraxis erscheint bis heute ja meist nur der Indexpatient. Es ist auch nie vorhersehbar, ob der Patient auf meine Deutung seiner Erkrankung, mein Hinweis auf seinen Konflikt eingeht oder aber sich erschreckt verschließt und zurückzieht. Öffnet sich ein Patient, zeigt er sich meinen ihm bisher ungewohnten Gedankengängen zugänglich, so müßte ich in diesem Moment abbrechen und für alle Beteiligten einen neuen Termin vereinbaren. Ich müßte einen glücklichen Moment der Harmonie, des Miteinander-Vertrautseins abrupt unterbrechen, eine vielleicht einmalige Chance wäre vertan.

Robert – fünfundvierzig Jahre – schien sauer zu sein: »Jetzt habe ich endlich einen neuen Arbeitsplatz, der gefällt mir auch ganz gut, und jetzt kommen diese hinderlichen Schmerzen im rechten Unterarm. Schauen Sie mal, ganz geschwollen ist das hier alles. Das tut so weh, ich kann die Hand kaum mehr bewegen. Wo ich doch so gerne arbeite! Nichts ist schlimmer für mich, als untätig zu Hause herumzusitzen!« Die Diagnose war einfach: Sehnenscheidenentzündung im rechten Unterarm.
Es war Januar, Grippezeit, und somit viel zu tun. Zum Nachfragen war ich daher viel zu müde, veranlaßte somit die üblichen Umschläge, Ruhigstellung, eine Krankmeldung, für später eine Reizstrombehandlung. Die Be-

schwerden blieben, Robert wollte es nicht bessergehen. Also bekam er eine Überweisung zu einem Orthopäden, der mit Ruhigstellung, jetzt in Form einer Gipsschiene und Medikamenten weiterbehandelte. Die Beschwerden blieben. Recht freimütig gab mir Robert zu verstehen, daß es wohl mit unserer ärztlichen Kunst soweit nicht her sei. Eines Tages rief mich der Chef von Robert empört an: »Sagen Sie mal, wie können Sie es mit Ihrem Gewissen vereinbaren, einen Mann wochenlang krank zu schreiben, und ich sehe den dann gestern abend im Fernsehen eine Faschingssitzung präsidieren?!«
Es war nicht leicht, dem Arbeitgeber klarzumachen, daß man mit einem Unterarm in Gips nicht bettlägerig ist. Ich versprach ihm aber, der Angelegenheit noch einmal nachzugehen. Fröhlich kam Robert zum nächsten Wochenbeginn wieder anmarschiert, um sich eine Verlängerung der Krankmeldung abzuholen. Der Unterarm war immer noch sehr angeschwollen, die Beschwerden glaubhaft. Alle bisherige ärztliche Kunst war also tatsächlich vergebliche Liebesmüh gewesen. Ich hatte mir für Robert Zeit eingeräumt und konnte so mit dem Fragen beginnen: »Wo sind Sie noch einmal seit wann beschäftigt, wie sieht Ihre Tätigkeit aus?« Bereitwillig gab Robert Auskunft: »Sie wissen ja noch, daß ich früher in diesem Elektronikladen tätig war. Da mußte ich von morgens bis abends Platinen löten, die Dämpfe waren nicht zum Aushalten. Na, und der Chef, dieser Antreiber, der machte bei jedem kleinen Fehler ein Mordsgeschrei, das war einfach menschenunwürdig. Ich bin dann in einen Feinmechanikerbetrieb gegangen, aber der

machte Pleite. Ein halbes Jahr war ich zu Hause, und dann hat mich das Arbeitsamt in diese Maschinenfabrik gesteckt, wo ich jetzt seit drei Monaten bin.«
Seltsam, ging es mir durch den Kopf, zu Beginn seiner Sehnenscheidenentzündung hatte er mir doch etwas von seinem großen Arbeitseifer erzählt, jetzt klang das alles auf einmal ganz anders. »Und in dieser Maschinenfabrik, da müssen Sie schwere Teile herumwuchten?« wollte ich weiter wissen. »Aber nein, das schwerste Stück, das ich anfasse, ist ein Bleistift!« Es war auffällig, wie er bei dem Wort Bleistift das Gesicht verzog, als ob er in eine Zitrone gebissen hätte.
»Wissen Sie, ich bin ein geselliger Mensch. Früher, da war ich mal auf dem Bau, da habe ich eine Kolonne angeführt, die Kameraden haben toll gespurt. Die machten, was ich sagte, es gab nie ernsthaften Streit, und wenn einer mal nicht so wollte wie ich, dann kriegte der halt einen Tritt in den Hintern. Aber das nahm mir niemand übel, ich habe mich für meine Leute auch beim Chef eingesetzt. Ich brauche Menschen um mich herum. Jetzt, an dem neuen Arbeitsplatz, da führe ich die Statistik. Jeden Mist muß ich da aufschreiben. Wie lange einer für seine Arbeit braucht, welche Teile er dafür benötigt. Und dann habe ich eines Tages herausgekriegt, daß die Firma die von mir ausgefüllten Bogen, ohne sie zu lesen, in den Papierkorb schmeißt. So was kann man mit mir doch nicht machen. Richtig verschaukelt muß man sich da doch fühlen!« Jetzt beugte er sich zu mir und fuhr fort: »Ganz nebenbei, meine Frau eröffnet bald ihr Geschäft. Das geht auf ihren Namen, sie ist für alles

verantwortlich, und ich kann dann hinten in der Werkstatt ein bißchen was tun, einen Gesellen haben wir auch schon engagiert, das wird mir viel mehr Spaß machen!«
Die Frau von Robert ist auch schon lange bei mir Patientin. Sie leidet unter einer schweren, chronischen Erkrankung, hatte sich deswegen bereits einer sehr eingreifenden Operation unterziehen müssen. Aber jegliches Hinterfragen meinerseits, jedes Andeuten eines Konfliktes hatte sie immer wieder angstvoll abgewehrt. So kam ich für mich zu der Entscheidung, bei dieser Familie in psychotherapeutischer Hinsicht zu resignieren und allem seinen Lauf zu lassen. Die Firma kündigte Robert. Schlagartig verschwanden seine Beschwerden, sein Unterarm wurde wieder dünn, er konnte ohne Schmerzen bewegt werden.
Sein Konflikt: Im Grunde wollte er vom Arbeitsamt gar nicht mehr vermittelt werden. Es bestand für ihn ja schon die Aussicht, im Betrieb seiner Frau eine ruhige Kugel schieben zu können. Als er dann aber noch erfahren mußte, daß seine neue Tätigkeit nicht ernst genommen wurde, saß er in der Falle, denn beachtet und ernst genommen zu werden, war für ihn ungeheuer wichtig. Von sich aus kündigen konnte er auch nicht, da sein Einkommen zur Firmengründung seiner Frau gebraucht wurde. Nichts konnte für ihn (unbewußt) willkommener sein als eine Sehnenscheidenentzündung des rechten Unterarms. Dadurch wurde die weitere Schreibtischtätigkeit mit Sicherheit unmöglich.
Edith, zweiunddreißig Jahre alt, begegnete mir im Mai 1983 zum erstenmal: Seit etwa zwei Jahren litt sie unter

anfallartigem Kribbeln in den Fingerspitzen, Kaltwerden der Hände, Druckgefühl im Kopf und kurzzeitiger Bewußtlosigkeit. Meist traten diese Beschwerden ein- bis eineinhalb Stunden nach dem Frühstück auf. Sie gingen nach Einnahme von Zucker zurück. Da mich die beschilderten Beschwerden an eine Störung der Insulinausschüttung mit zu niedrigen Blutzuckerspiegeln denken ließen, schickte ich die Patientin zu einem bekannten Diabetologen. Dieser veranlaßte alle erforderlichen Tests und kam, wie ich es eigentlich erwartete hatte, zu dem Ergebnis: Funktionelle Hypoglykämie, das heißt Unterzuckerung unklarer Ursache. Edith hielt daraufhin, wie empfohlen, eine eiweißreiche Kost ein, verteilt auf mehrere kleiner Mahlzeiten. Die Symptome gingen zurück.
Ende Juli erschien Edith wieder in meiner Sprechstunde: Jetzt hatte sie Durchfälle, unterbrochen von Tagen mit Verstopfung, aber besonders die Durchfälle belästigen sie sehr! Sie war ja nun gerade klinisch gründlichst untersucht worden, ohne daß eine organische Ursache gefunden worden war. Also versuchte ich einen anderen Ansatz, indem ich fragte: »Treten die Durchfälle mehr in der Woche auf oder eher über das Wochenende?« Verdutzt gab Edith zurück: »Wo Sie das so fragen, meistens habe ich an den Arbeitstagen Durchfall, vor allem, wenn es in der Firma drunter und drüber geht, ich mich, um alles im Griff zu behalten, vierteilen müßte.« – »Machen Sie einmal für Ihre Tätigkeit eine typische Handbewegung«, wollte ich weiter wissen.
Edith lachte herzhaft und versuchte beschwörend, die

Arme wie ein Dirigent ausgebreitet, auf die Umwelt einzuwirken. »Ich sitze im Büro für Arbeitsplanung einer großen Fabrik, wir stellen Zubehörteile für die Autoindustrie her, ein hektischer Laden. Von oben kommen unklare Anweisungen, alles soll natürlich am besten schon vorgestern erledigt sein, ich setze diese Anweisungen für die Arbeiter in Produktionsabfolgen um. Haben Sie das endlich kapiert – Sie glauben ja gar nicht, wie begriffsstutzig Leute sein können –, dann wird von oben wieder alles umgeschmissen.«
Ihre klare, knappe Art zu reden, ihre entschiedenen Bewegungen, all dies ließ mich vermuten, daß sie es gewohnt war, Verantwortung zu suchen, sich mit Arbeit zu überladen: »Ist es möglich, daß Sie schon sehr früh in Ihrer Kindheit allein zurechtkommen, für andere sorgen mußten?« fragte ich weiter. »Woher wissen Sie denn das schon wieder? Natürlich, Vater war berufstätig, Mutter war berufstätig. In den ersten Jahren war ich bei der Großmutter, und als ich dann ungefähr fünf Jahre alt war, hatte ich auf meinen kleinen Bruder aufzupassen. Später sah das dann so aus: Vormittags Schule, dann Hausaufgaben und Haushalt, dabei immer den kleinen Teufel, meinen Bruder, im Auge behalten. Wenn mein Vater abends nach Hause kam, hatte ein dampfendes Essen auf dem Tisch zu stehen. Für alles war ich zuständig, und wenn etwas schiefging, gab es Prügel, und das nicht zuwenig. Ich erinnere mich noch gut, wie eines Tages – mein Bruder hatte wieder einmal eine Scheibe zerschlagen – mein Vater hinter mir herrannte, ich vorneweg, und das Ganze immer um den Wohnzimmertisch

herum. Ich war flinker, er konnte mich nicht kriegen. In seiner Wut griff er nach einem Holzscheit und schleuderte es nach mir. Mann, gab das eine Macke in der Wohnzimmerwand!« Bei dem Wort Prügel hatte sie reflexartig ihren Kopf noch etwas mehr zwischen die Schultern gezogen. Ihr stets leicht gebeugter Nacken war mir ohnehin schon von Anfang an aufgefallen. »Waren Sie früh sauber? War es für Ihre Eltern wichtig, daß Sie auf den Topf gingen?« – »Mit einem Jahr war ich sauber!« konnte Edith stolz berichten. »Ich war ein pflegeleichtes Kind, meine Mutter posaunte das in der ganzen Nachbarschaft rum, wie früh ich keine Windeln mehr brauchte!« – »Fühlen Sie sich verstanden, wenn ich jetzt Ihre Situation so zusammenfasse: Es fällt Ihnen schwer, nein zu sagen, Sie lassen sich viel Arbeit aufhalsen, fühlen sich für alles verantwortlich, und wenn die Umwelt, die Mitmenschen, nicht so spuren, wie Sie sich das vorgestellt haben, so reagieren Sie mit Durchfällen, denn Stuhlproduktion ist ja auch eine Leistung; eine Leistung, die in Ihrer frühesten Kindheit extrem wichtig war und über die Sie Ihre erste Anerkennung erfahren haben.«
Jetzt lehnte Edith sich ganz entspannt zurück und meinte: »Ich glaube, das sehen Sie richtig. Ich muß das aber noch einmal zu Hause überdenken. Ich möchte noch etwas hinzufügen: Ich habe in meinem Leben eigentlich immer Angst gehabt. Zu Hause, das war ganz schlimm, mein Vater langte schmerzhaft zu, oder, wie schon gesagt, er schmiß mit allem, was in seiner Reichweite war, Schürhaken inklusive. Mein Mann verkloppt mich auch,

obwohl ich ihm, wie zu Hause gelernt, abends die Filzpantoffeln anziehe! Na ja, und in der Firma meine ich auch immer, die feuern mich bald, weil ich zuwenig bringe!«

Edith hat also in ihrem Leben nie nein sagen dürfen, sie mußte erfahren, daß sie Anerkennung, Liebe nur durch Sich-nützlich-Machen, über Leistung bekommen konnte. Für sie war es daher unvorstellbar, einmal zuzugeben, daß sie nicht mehr könne, daß ihr alles zuviel sei. In einer Schach-matt-Situation, das heißt, in Augenblicken, wo sie ihrem Verantwortungsgefühl nicht mehr gerecht werden, dann aber auch nicht loslassen und ablehnen kann, ist es für sie sinnvoll, sich in Durchfälle zu retten. In solchen Momenten greift sie auf eine »Leistung« zurück, die sie beherrscht, die sie in frühester Jugend gelernt und mit größter Anerkennung belohnt erfahren hat. Ihr Konflikt läßt sich demnach so beschreiben: Einerseits zieht sie viel zuviel Arbeit an sich, überlädt sich mit Aufgaben und Verantwortung, kann aber andererseits auch nicht loslassen, mal beiseite treten, wenn sich die Arbeitsabläufe nicht so entwickeln, wie sie sich das vorgestellt hat. Denn dann muß in ihr wieder die alte, panische Angst entstehen, geschlagen oder mit Holzscheiten beworfen zu werden.

Vierzehn Tage später bestätigte mir Edith meine Interpretation ihres Krankheitsgeschehens. In drei weiteren Gesprächen von je zwanzig Minuten Dauer gelangte sie zu der Einsicht, daß es zu jedem Menschen gehört, Schwäche zugeben zu können, daß sie nein sagen darf, ja sogar muß, daß sie sich im Delegieren üben soll.

Sechs Wochen nach dem ersten Gespräch konnte sie stolz berichten: »Herr Doktor, ich spiele jetzt nicht mehr den Idioten für alle. Letzthin, als mir mein Vorgesetzter wieder alles umschmiß und mir noch mehr Arbeit auf den Tisch knallte – dabei hatte ich all die Tage vorher schon Arbeit mit nach Hause genommen –, da bin ich das erste Mal explodiert. Die haben vielleicht geguckt! Seitdem sind die alle wie ausgewechselt. Bei Zusatzarbeiten werde ich höflich gefragt, und das Tollste ist, daß ich bald einen Mitarbeiter kriege. Man hat eingesehen, daß ich für drei geschuftet habe. Übrigens, mein Mann ist gar nicht gut auf Sie zu sprechen: Der muß jetzt seine Schuhe selber putzen, und als er letzthin die Hand gegen mich hob, da bin ich wie ein Tiger auf ihn los. Ich habe ihm nichts getan, aber er hat jetzt gemerkt, daß ich nicht mehr nur sein Butler bin.«
Später berichtete Edith noch, daß ihre Ehe jetzt so glücklich wie noch nie sei. Ihr Mann sei sehr zärtlich geworden, sie schaue sich jetzt zum erstenmal in ihrem Leben nach einem Hobby um, sie würde eigentlich erst jetzt anfangen zu leben. All die Ängste seien weg, ebenso die Durchfälle, die Kopfschmerzen und all die anderen Symptome. Edith sah jetzt auch viel lebenslustiger, hübscher aus *und* – sie ging aufrecht, der Nacken war nicht mehr so gebeugt.
Vor einigen Tagen erfuhr ich von Edith, sie habe inzwischen gekündigt und sich dafür bei einer Dolmetscherschule angemeldet. Fremdsprachen seien eigentlich schon immer ihr Hobby gewesen, ihr Vater habe es ihr damals untersagt, diese Richtung zu verfolgen. Jetzt

endlich wolle sie sich diesen Traum erfüllen, ihr Mann stehe voll hinter ihr!

Die Geschichte von Edith demonstriert mehreres zusammen. Da sie in ihrer Jugend extrem auf Leistung und Starksein gedrillt worden war, mußte sie mit massiven Ängsten reagieren, wenn das übergroße Pensum, das sie sich vorgenommen hatte, in Gefahr geriet, nicht erfüllt zu werden. Normalerweise sollte es einem Menschen erlaubt sein, bei einer zu großen Leistungsanforderung nein zu sagen, Schwäche zugeben zu dürfen. Edith war dies aus Angst verwehrt. Somit mußte sie immer wieder in ihren spezifischen Konflikt geraten. Sie war gezwungen, sich chronisch zu übernehmen, bis sich eines Tages die ersten Symptome einstellten. Zuerst reagierte sie mit Unterzuckerung. Dadurch wurde sie schlapp, müde, konnte jetzt einfach körperlich nicht mehr. Die Unterzuckerung übernahm für sie das Neinsagen. Nachdem die Medizin ihr diese Lösungsmöglichkeit weggenommen hatte, brauchte sie ein anderes Ventil. Sie reagierte, natürlich wieder völlig unbewußt, mit Durchfällen. Dieses Symptom war noch sinnvoller als die Unterzuckerung, denn hier konnte sie auf etwas ausweichen, wofür sie wenigstens in ihrer Jugend Anerkennung bekommen hatte. Es war, sozusagen, eine Ersatzleistung. Edith entwickelte eine Symptomverschiebung.

Das Beispiel von Edith demonstriert uns auch in eindrucksvoller Weise, daß eine unangemessene Reaktion jetzt, im Erwachsenenleben, auf eine entsprechende Schädigung von früher zurückzuführen ist. Damit ist es für den Therapeuten gar nicht mehr so schwer, die Symbolik der Erkrankung zu erkennen. In ihrem prügelnden Ehemann hatte Edith sich konsequent ihr Jugendszenarium nachgestellt. Sie kannte es ja nicht anders. Zudem zeigt diese Geschichte erneut sehr eindrücklich, wie ein Mensch weit ab von seiner Melodie, seiner besonderen Bestimmung ist und damit im Grunde gar nicht glücklich sein kann.

Eines Tages rief mich eine dem psychosomatischen Denken aufgeschlossene Kollegin aus der Klinik am Ort an und berichtete folgendes: »Wir haben hier ein sechzehnjähriges Mädchen, Renate, sie wurde innerhalb kurzer Zeit schon zum zweitenmal mit einem lebensbedrohlichen Asthmaanfall eingewiesen. Es ist denkbar, daß sie die nächste Attacke nicht überlebt. Wäre das was für sie?«

Wie vereinbart erschienen zur ersten Stunde die Patientin Renate, Mutter Gisela, Vater Rolf, die ältere Schwester Doren und der kleine Bruder Max. Ich hatte einige Holzfiguren, große und kleine Menschen darstellend, auf dem Tisch liegen und bat Renate gleich zu Beginn der Stunde, diese Puppen doch einmal so auf dem Tisch aufzubauen, daß jeder sehen könne, wer wem in der Familie nähersteht, wer mit wem kooperiert. Ohne zu zögern schnappte sie sich die größte Puppe: »Das ist Vater, unser Boß!« Dicht neben den Vater stellte sie Max auf: »Papas Liebling!« Etwas von Vater entfernt fand Mutter ihren Platz. Zwischen Vater und Mutter plazierte sie die ältere Schwester Doren. Die fünfte Puppe, erst in der Hand hin und her pendelnd, setze sie dann zö-

gernd weit entfernt von den anderen hin, dabei ängstlich zuerst zum Vater und dann mit einem um Verständnis und um Verzeihung bittenden Blick zu mir schauend. Rolf ging auch gleich hoch: »Kind, das siehst du doch aber völlig falsch, wir haben dich doch genauso lieb wie alle anderen, ich mache doch keine Unterschiede!« Darauf Doren: »Ich habe doch immer gesagt, die Renate ist unser fünftes Rad am Wagen. Seit Max da ist, unser Kronprinz, hat sie ausgespielt!« Die Mutter saß völlig unbeteiligt und zusammengekauert in einer Sofaecke, keine Regung im Gesicht, sie hielt sich vollkommen heraus. Max feixte, prüfte die Puppen auf Bruchfestigkeit, Typ ungezogener Lümmel. »Also, Herr Doktor, ich muß das hier mal richtigstellen, nicht daß Sie glauben, ich würde mich nicht um die Kinder kümmern«, fing Vater Rolf wieder an, »wir sind eine glückliche Familie, und auch die Renate kriegt von mir fast jeden Wunsch von den Augen abgelesen!« Während Renate schweigend in sich zusammensank, protestierte Doren lebhaft: »Natürlich verwöhnst du uns, aber wir kriegen halt das, was du für richtig hältst, verstanden fühlen wir uns aber nie, und ...« Hier wurde sie vom Vater unterbrochen, den ich nun wieder energisch bat, nun auch einmal eine Weile still zuzuhören und die anderen reden zu lassen.
Bis zum Ende der ersten Stunde war folgendes herausgearbeitet worden: Da Vater Rolf alles besser wußte, alles besser konnte, sich für alles zuständig fühlte, hatte seine Frau einsichtig resigniert; sie hielt sich raus, so konnte sie keine Fehler machen. Die erste Tochter Doren wurde von Rolf extrem verwöhnt, sie war seine Prin-

zessin. Renate, ein zweites Mädchen, war dann für den Vater nicht mehr so interessant. Sie mußte allein zurechtkommen, da die Mutter sich konsequent heraushielt. Als dann endlich der lang ersehnte Stammhalter Max geboren wurde, saß Renate endgültig in der Isolation. Es blieb ihr nur noch übrig, sich von frühester Jugend an über Leistung einzubringen. Sie half im Haushalt, machte mit ihrem Bruder Hausaufgaben, versorgte den Garten. Sie war es gewohnt, nur Zuwendung zu erlangen, indem sie sich nützlich machte.

Dieses Überengagement war aber wieder für Renate äußerst kollisionsträchtig, da der Vater alles besser wußte, sich überall einmischte. Entweder er betrachtete ihr Handeln mit einem müden Lächeln und schwieg dazu, oder aber er fuhr korrigierend dazwischen. Wie konnte sie sich von ihm ernst genommen fühlen, denn auch ihre Leistungen, ihre einzige Trumpfkarte, wurden kritisiert? Selbst mir gingen schon in der ersten Stunde die Sticheleien und Frotzeleien von Rolf auf die Nerven. Seine ironischen Zwischenbemerkungen waren sehr schlimm. Zum Abschluß der ersten Stunde gab ich vor der ganzen Familie Renate folgenden Rat mit auf den Nachhauseweg: »Renate, entweder du holst dir über weitere Asthmaanfälle von der Familie Aufmerksamkeit, denn so ein Anfall ist ja äußerst dramatisch, da muß ein jeder sich um dich kümmern, oder aber du überwindest langsam deine Angst und klopfst hin und wieder Vater auf die Schulter, bittest ihn um ein bißchen Zeit für dich und gewöhnst ihm außerdem seine Ironien ab! Du entscheidest!«

Bereits zur zweiten Stunde erschien Renate wie verwandelt. Sie wirkte nicht mehr so schüchtern, sie ergriff mehrfach spontan das Wort, sie widersprach ihrem Vater, traute sich sogar, ihn da und dort vorsichtig zu kritisieren. »Doktor, die wird aufmüpfig, so geht das nun ja auch nicht!« beklagte sich Rolf. Ich hatte Mühe, ihm aufzuzeigen, daß seine sechzehnjährige Tochter bald als erwachsene Frau anzusehen sei.
Das Geschehen an den beiden Tagen, an denen sie ihre Asthmaanfälle erlitten hatte, zu rekonstruieren, gestaltete sich als äußerst schwierig. Vor allem deswegen, weil Renate es schon immer gewohnt war, auch die schwerste Verletzung kommentarlos wegzustecken. Sie war zu einem »Nehmertyp« geworden, sie konnte Verletzungen einstecken, ohne aua zu sagen.
Beim erstenmal war sie stark erkältet gewesen. Eigentlich gehörte sie ins Bett, aber sie riß sich – wie gewohnt – zusammen und blieb aktiv. Eine Nachbarin war zu Besuch, eine Frau, die Renate noch nie hatte leiden können. Und prompt fing diese Frau auch wieder zu lästern an: »Na, Renate, du solltest mal das Rauchen bleiben lassen!« – »Dabei habe ich doch noch nie geraucht!« kam es jetzt noch ganz empört von Renate. »Du kläffst ja wie ein Tuberkulosekranker im Endstadium«, hetzte diese Frau weiter. »Ich hätte ihr eine reinhauen können!« (Originalton), fauchte Renate auf einmal in einer Aggressivität, die ich ihr nie zugetraut hätte. Wortlos sei sie dann auf ihr Zimmer gegangen, und dann habe sie auf einmal keine Luft mehr bekommen.
Vor dem zweiten Anfall hatte sie mit Max Schularbeiten

gemacht, was immer wieder eine Tortur für sie war. Sie konnte sich Mühe geben, soviel sie wollte, Max war nie bei der Sache, alberte rum und paßte nicht auf. Als sie sich abends bei ihrem Vater über die mangelnde Mitarbeit von Max beschwerte, ergriff Rolf sofort Partei für seinen Sprößling und hielt Renate vor, daß sie halt kein pädagogisches Talent habe. Schweigend stand Renate vom Tisch auf, ging auf ihr Zimmer, und plötzlich war der Asthmaanfall wieder da.

Renate befand sich immer wieder in dem Konflikt: Einerseits konnte sie sich nur über Leistung für andere akzeptieren, liebhaben, andererseits wurde ihr Engagement immer wieder von ihrem Vater kritisiert, ins Lächerliche gezogen. Trotz schwerer Grippe war sie aufgeblieben, machte sich im Haushalt nützlich, als die Nachbarin sich über sie lustig machte, ihre fast übermenschliche Anstrengung nicht anerkannte. Genauso beim zweitenmal! Sie hatte sich angestrengt, ihrem widerspenstigen Bruder etwas beizubringen, ihm bei seinen Hausaufgaben zu helfen. Ihr Vater qualifizierte anschließend ihre Bemühungen ab, es gab keine Anerkennung. Im Asthmaanfall konnte sie dann endlich auf sich aufmerksam machen.

Beim ersten Anfall ist noch folgendes interessant: Renate nahm eine Verschiebung vor. Ihr Problem ist ja Vater Rolf. Der traktierte sie immer mit seiner Besserwisserei, seinen Ironien. Diese Problematik aber wahrzunehmen, sich als Kind eingestehen zu müssen, daß ein Elternteil einem so weh tut, ist kaum möglich – so böse dürfen die, von denen man mit seinem ganzen Leben abhängt, doch gar nicht sein. Also wird die Problematik an einer anderen Person festgemacht, »man haut den Sack und meint den Esel!« Seit über einem Jahr ist Renate inzwischen beschwerdefrei. Sie weiß sich ihrer Haut zu wehren, und sie hat es auch nicht mehr so nötig, sich ausschließlich über ihre Tatkraft für andere einzubringen.

Eva, dreißig Jahre alt, war der Verzweiflung nahe. Seit über sechs Jahren plagten sie die verschiedensten körperlichen Beschwerden wie z. B. Herzschmerzen, Kopfschmerzen oder Verspannungen im Schulter-Nacken-Bereich. Viel schlimmer waren aber noch die Ängste vor dunklen Wolken, Regen und Wind. Sah sie einen kleinen Riß im Verputz ihres Hauses, hörte sie ein unbekanntes Geräusch in ihrem Heim, so glaubte sie, das ganze Gemäuer bräche zusammen. Sie traute sich nur noch selten aus dem Haus, aus Angst, ein Wasserrohrbruch oder ein undichtes Dach könnten einen nicht wiedergutzumachenden Schaden anrichten.

Völlig verängstigt saß sie auf der vordersten Sofakante, schaute bei jedem Satz, den sie sprach, absichernd zu ihrem Mann Johannes hinüber, der es sich, souverän lächelnd, in einer Couchecke bequem gemacht hatte. Wann es ihm beliebte, unterbrach er seine Frau immer wieder und steuerte weitschweifig die Unterhaltung in Gebiete, die ich überhaupt nicht angeschnitten hatte. Auf einer Wandtafel zeichnete ich die Abbildung 4 von Seite 151 auf, schrieb unter dem Wort Symptom alle Beschwerden untereinander auf, und fragte Eva dann, was sie denn tun würde, wie ihr Leben aussähe, wenn sie über Nacht alle Beschwerden los wäre.

»Ach Gott, wäre das schön!« stöhnte sie auf, »dann könnte ich wieder arbeiten wie früher, mich um meinen Mann und die Kinder kümmern, mit ihnen spielen und spazierengehen und das Haus wieder auf Vordermann bringen!« – »Bloß das nicht!« entfuhr es da Johannes ganz leise, »bin ich doch gerade froh, im Augenblick meine Ruhe zu haben!« Betretenes Schweigen im Raum.

Eva schaute verblüfft ihren Mann an, dann fragte sie mich: »Ich denke, Johannes möchte, daß ich wieder gesund werde. Er beschwert sich doch in letzter Zeit immer mehr, meine Depressionen würden ihm auf den Wecker gehen. Und jetzt sieht es so aus, als ob es ihn freut, wenn ich so am Ende bin. Wie soll ich das verstehen?« Johannes war sichtlich verlegen: »So war das auch wieder nicht gemeint!« versuchte er sich aus der Affäre zu ziehen. Bevor er sich weiter in Widersprüche verhaspeln konnte, unterbrach ich ihn: »An Ihrer Stelle wäre ich sicher auch nicht daran interessiert, daß Eva zu ihrer früheren Überaktivität, zu ihrem Sich-um-alles-und-jedes-Kümmern zurückfindet. Ich kann mir vorstellen, daß sie damit ihre Umwelt unheimlich eingeengt und erdrückt hat.«

Johannes begann auf einmal, etwas befreiter, zu lachen: »Also, so habe ich das ja alles noch nie gesehen. Auch wenn es jetzt so aussieht, als ob ich schuld wäre an der schlimmen Erkrankung meiner Frau, ich wüßte übrigens nicht wie und warum – aber früher, als sie noch aktiv wie eine Dampfwalze durchs Haus brummte, da habe ich mich manchmal schon etwas an die Wand gedrückt gefühlt.« – »Ja, aber«, wehrte sich Eva, »eine Frau soll doch ihren Mann verwöhnen, und ich tu' das auch wirklich von Herzen gern, er soll es doch gut bei mir haben. Ich verstehe nicht, daß das schlecht sein soll.« – »Verwöhnen ist ja ganz gut«, konterte Johannes, »aber wenn du mir jeden Morgen die Klamotten hinlegst, die du für mich an diesem Tag für richtig hältst, wehe, ich nehme dann doch eine andere Krawatte, und die Schuhbänder sind nicht gleich lang gebunden, und du entdeckst noch eine Haarschuppe auf meinem Kragen, dann kann das einem schon langsam die Luft abschnüren. Du warst ja früher einmal wie ein Feldwebel!« »Ja, aber wissen Sie, Herr Doktor«, fing Eva wieder von vorne an, »so, wie der Johannes morgens loslaufen würde, wenn ich nicht aufpaßte, so würde Ihre Frau Sie sicher auch nicht aus dem Haus lassen. Er brächte es doch fertig, zu einem braunen Anzug eine blaue Krawatte anzuziehen. Was sagen denn da die Leute? Ich müßte mich ja in Grund und Boden schämen. Er verdient das Geld, und ich sitze faul zu Hause rum und tue nichts für ihn.«

Hier unterbrach ich das Gespräch erst einmal. Die Angst vor Schwäche war bei Eva so enorm, daß es im Augenblick noch wenig Sinn ergeben hätte, ihr zu verdeutlichen, wie sie sich in den letzten Jahren chronisch übernommen hatte. Die Reise in die Vergangenheit, die Ermittlung der Jugendszenarien ergab folgendes Bild: Die Mutter von Eva war nach dem Krieg als Flüchtling aus dem Osten in die hiesige Gegend gekommen. In einen engen, konservativen, den Fremden nicht sehr geneigten Ort. Sie heiratete in einen mittelständischen Betrieb ein, wo ihre überdurchschnittliche Arbeitskraft

wohl sehr geschätzt wurde, sie aber sonst als Mensch nicht gut gelitten war. Immer wieder war der Mutter, Eva hatte dies später auch noch selbst miterlebt, angedeutet worden: »Wenn es dir hier nicht paßt, so hau doch wieder ab, dahin, wo du herkommst!«
So war es nur logisch, daß diese Frau, die ausschließlich als Arbeitskraft gebraucht wurde, ihre Tochter Eva während der ersten fünf Jahre bei ihrer Mutter, Evas Großmutter, lassen mußte. Diese war eine Frau, die sich nicht sonderlich um ihre Enkelin kümmerte. Eva hatte demnach in ihrer frühesten Kindheit eine kurze Phase der Überbehütung (bei ihrer Mutter) mit einer anschließenden Zeit der Vernachlässigung (bei ihrer Großmutter) erleben müssen. Ihr Verlusterlebnis ist für ihre übergroßen Selbstzweifel verantwortlich.
Es sieht so aus, daß ein Kind das Fallengelassenwerden in den ersten Lebensjahren derart interpretiert, daß etwas Böses, Schlimmes an ihm dran sein müßte, sonst hätte man ihn nicht fallengelassen und abgeschoben. Dieser Gedanke wird zur fixen Idee, und er wird in das Erwachsenleben mit hinübergenommen. Ein Gedanke, eine Selbsteinschätzung, die sich etwa so charakterisieren läßt: »Ich bin minderwertig, mir steht nichts zu, irgendwo muß etwas ganz Häßliches in mir sein.«
Nur indem sich Eva bei ihrer Großmutter nützlich machte und später im Betrieb der väterlichen Großeltern mitschuftete, glaubte sie ein Anrecht auf Leben, auf vier Wände, Heimat zu haben. Die Angst vor Gewittern war ihr von ihrer Mutter eingeimpft worden. Eva konnte sich noch erinnern, wie sie einmal als Fünfjährige mit

großer Begeisterung draußen in einem Gewitterregen herumsprang und ihre Mutter sie völlig aufgeregt ins Haus zerrte.

Auch Johannes mußte in einem »gebrochenen« Haus aufwachsen. Seine Mutter, die zu Angst vor Schwäche und Überbehüten neigte, konnte dies bei ihm nicht durchführen, da ihre eigene Mutter das Haus beherrschte und alle mit ihren Krankheiten in den Bann schlug. Johannes: »Meine Großmutter mütterlicherseits lag dreihundert Tage im Jahr im Bett. Nur am Sonntag, und wenn sie am Samstag noch so krank gewesen war, dann schlurfte sie in die Küche. Meine Mutter hat sich von ihr völlig blockieren und beherrschen lassen!« Johannes konnte zu der Mutter seines Vaters ausweichen. Diese Oma verwöhnte ihn während der ersten sieben Jahre über die Maßen, dort war für ihn das Paradies.

Durch diesen Bericht von Johannes wurde klar, woher seine erhebliche Angst vor Fehlern kam: Oma, die Mutter seines Vaters, war ihm zu dicht auf den Fersen gewesen, hatte ihn überbehütet, überkontrolliert. Und prompt heiratet er in Eva wieder einen Menschen mit Angst vor Schwäche, der ihn überbehütet und überkontrolliert. Wie exakt wurde auch hier wieder in dem Partner das Jugendszenarium nachgestellt. Die Wiederholung ist für mich immer wieder aufs neue verblüffend: Wuchs der eine in einem ungebrochenen, kontinuierlichen Elternhaus auf, hatte er über die ersten zehn bis fünfzehn Jahre stets die gleiche Bezugsperson, so findet er einen Partner mit dem gleichen, kontinuierlichen Elternhaus. Wechselten die Bezugspersonen, so wird er

auf einen Partner aufmerksam, der in seiner Kindheit auch durch mehrere Hände gehen mußte.
Da Johannes von seiner Oma Angst vor Fehlern beigebracht worden war, hatte er konsequent in seinem jetzigen Familienleben die Strategie des Sichheraushaltens entwickelt. Er ließ immer erst mal die anderen vor, hielt sich zurück. So auch bei seinem Hausbau. Der Keller war gerade ausbetoniert worden, die Decke fehlte noch. Ein plötzlicher Gewitterregen setzte auf einmal alles unter Wasser. Eva war gerade einkaufen gewesen. Als sie danach an die Baustelle kam, sah sie ihre weinende Mutter tief unten in den überschwemmten Fundamenten des Hauses herumirren, hilflos und verzweifelt einen Wassereimer hin und her schwenkend. Sie hatte vergeblich versucht, mit diesem Eimer der Wassermassen Herr zu werden.
»Mutter ging davon aus, daß nun der ganze Beton aufgeweicht und damit die Grundmauern des Hauses völlig zerstört sein würden. Der Anblick meiner völlig aufgelösten Mutter ging mir so ans Herz, ich hätte schreien können«, erzählte Eva heute noch zutiefst bewegt. »Ich rief Johannes an, aber der meinte nur, das sei alles nicht so schlimm. Wir sollten uns nicht alle so darüber aufregen und ihn im Dienst nicht mit so etwas belästigen.«
Wieder mußte Eva erleben – wie schon zu ihrer Jugendzeit –, daß ihr Heim, ihr Zuhause unsicher ist, daß ihr niemand beisteht, sie sich wieder einmal selbst um alles kümmern, sie stark sein muß. Die Problematik ihrer unsicheren Lebensbasis: Von der Mutter zu der sie vernachlässigenden Großmutter weggegeben, die Unsi-

cherheit, ob sie nicht zusammen mit ihrer Mutter wieder aus dem Ort vertrieben würde, diese Ängste hatte Eva an brüchigen Häusern (Risse in den Wänden) und regentriefenden Wolken festgemacht. Sie meinte, das Wasser, das Unwetter könnten ihr Heim, ihre Lebensbasis vernichten.

Somit waren ihre Beschwerden äußerst sinnvoll, hinderten diese sie doch vor allem daran, das Haus zu verlassen. So wenigstens konnte sie aufpassen, daß ihr äußerer Rahmen intakt blieb. Da sie infolge des Verlusterlebnisses in sich keine Sicherheit hatte, war sie enorm auf eine äußere Sicherheit, ihr Haus, angewiesen. In der Therapie lernte Eva, sich zu akzeptieren, auch ohne eine Leistung erbracht zu haben. Sie lernte, nein zu sagen, ohne hinterher vom schlechten Gewissen wieder eingeholt zu werden. Ihre Beschwerden bildeten sich zurück. Im gleichen Maß begann Johannes, sich mehr zu engagieren, er übernahm auch zu Hause mehr Verantwortung und vermittelte damit seiner Frau Zuverlässigkeit und Beständigkeit.

Von all den hier geschilderten Beispielen ausgehend könnte man den Eindruck gewinnen, jede Erkrankung sei rein psychologisch zu erklären. Das ist so einseitig sicher nicht richtig!

Ich gehe davon aus, daß bei der Entstehung einer Erkrankung drei Faktoren eine Rolle spielen: genetische, psychologische und Umweltfaktoren (die Bedeutung von Mangel- bzw. Fehlernährung möchte ich für unsere Breitengrade an dieser Stelle vernachlässigen).

Am deutlichsten ist für mich das Zusammenwirken dieser drei Komponenten immer wieder bei den allergischen Erkrankungen wie Asthma bronchiale und Neurodermitis zu sehen. Gerade bei diesen Erkrankungen können wir heute sagen, daß ihnen eine erblich vermittelte Schwachstelle im Organismus zugrunde liegt, eine genetische Disposition zur überschießenden Reaktion auf natürliche Umweltreize. An diesen genetischen Fehlinformationen beim Aufbau und zur Aufrechterhaltung unseres Organismus können wir bis heute nichts ändern. Menschen, die einen solchen erblichen Defekt in sich bergen, werden auf bestimmte Teilchen in ihrer Umwelt hochempfindlich. Auf einmal wird der Blütenstaub von Gräsern, Sträuchern, Bäumen oder aber werden Haare etwa von Hunden und Pferden nicht mehr toleriert. Es kommt – aus vermeintlich heiterem Himmel – zu Atemnot oder Hautjucken.

Dieses »aus heiterem Himmel« ist nun, meiner Beobachtung nach, nicht wirklich zufällig. Ein chronischer Konflikt, ein Problem, das man sich aus Gründen der Angst nicht angemessen zu lösen traut, löst auf einmal eine erblich vorgegebene Erkrankung aus. Es handelt sich meist um eine Konfliktsituation, die schon seit Jahren besteht, sich immer wieder eingestellt hat, und die nun über die Zeit so unerträglich geworden ist, daß der Patient aufgrund seiner »Allergisierung« die Situation nicht mehr aushalten konnte, sich in Krankheit retten mußte.

Die genetischen Faktoren, eventuell zusammen mit belastenden Umweltfaktoren, bilden die Grundlage einer

Erkrankung, deren Auslöser psychische Momente sind. Diese psychischen Momente können wir heute klar definieren als Angst vor einer situationsgerechten Problemlösung.
Gelingt es mir im Lauf der Therapie, die spezifischen, den Patienten innewohnenden Ängste zu lösen, das heißt, die Erkrankten zu befähigen, ihre Ängste mit der Zeit abbauen zu lernen, so wird die Abwehrkraft des Organismus gestärkt, werden die Selbstheilungskräfte des Organismus wieder frei, so daß genetische Faktoren und Umweltfaktoren kaum mehr zum Zuge kommen können. Verfügt man über eine intakte Psyche, das heißt, gelingt es zu jeder Zeit, an jedem Ort und unter jeder Bedingung freien Zugang zu den inneren Steuerorganen (Sinne – Empfindungen – Gefühle) zu haben, und kann man es sich erlauben, dann auch nach diesen »inneren Empfehlungen« zu leben, so verbleibt dem Organismus ein Höchstmaß an Energie, mit den inneren (genetischen Fehlinformationen) und äußeren Belastungen (Bakterien, Viren, Allergene) fertig zu werden. Anders formuliert: Wurden mir in meiner Jugend massive Ängste vor diesen oder jenen Gefühlen gesetzt, bin ich jetzt gezwungen, andere Gefühle zu zeigen als diejenigen, die tatsächlich in mir vorgehen, so kostet dies den Organismus so viel Kraft, daß jetzt erbliche Fehlkomponenten und Umweltbelastungen wirksam werden können.
Sehr eindrucksvoll mußte ich dies mit einem meiner Söhne erfahren. Markus litt jahrelang unter einer erheblichen Neurodermitis. Mein Vater war Allergiker, meine

Haut neigt ebenfalls zu überempfindlichen Reaktionen, eine erbliche Komponente ist also vorhanden. Markus war auch sensibel auf Gräserpollen und Hasenhaare (Umweltkomponente). Über viele Jahre versuchten wir es mit den verschiedensten Salben, Bädern und auch Diäten – ohne den geringsten Erfolg. Als ich dann nach der Entdeckung und Ausarbeitung dieses hier vorgelegten Diagnose- und Therapiekonzeptes mich einmal selbst überprüfte, worin denn nun meine »Faust« gegenüber Markus bestand, wurde ich sehr rasch fündig: Ich verzieh ihm keinen Fehler. Nach und nach gelang es mir, meine aggressiven Strategien, resultierend aus Angst vor Schwäche, wie Überengagieren, Alles-besser-Wissen (keine Fehler verzeihen) herauszulassen. Innerhalb eines halben Jahres wurde die Haut von Markus wieder völlig rein und glatt.

Es war eine sehr harte Schule für mich. Denn jeden Morgen, wenn Markus nach einiger Zeit wieder Pickel im Gesicht hatte, mußte ich mir eingestehen, ihn tags zuvor wieder unter Druck gesetzt zu haben, ihm Angst vor Fehlern gemacht zu haben. Indem ich aber diese Hinweise akzeptierte, sie zum Anlaß nahm, meine eigenen Ängste weiter abzubauen, gingen auch meine Aggressionen allmählich zurück. Heute ist Markus seit über drei Jahren völlig beschwerdefrei.

»Verflixt«, ging es Ursula durch den Kopf, »jetzt bin ich in ein Falle geraten.« An ihrem neuen Arbeitsplatz mußte sie sich auf einmal einem geregelten Tagesablauf beugen, unnachsichtig Leistung erbringen, Fehler durfte sie sich keine erlauben. Ihr Schwiegervater, dem sie ihren jetzigen Job verdankte, war Chef der Behörde, in der sie nun tätig zu sein hatte, und ihre Mitarbeiter und direkten Vorgesetzten wußten um die verwandtschaftlichen Beziehungen.

Ursula hatte einige Anläufe zu den verschiedensten Berufsausbildungen hinter sich. Auf der ständigen Suche nach etwas ihr Adäquatem, wie sie sagte, war sie aber nie zu einem Abschluß gekommen. Zuletzt bekleidete sie den Posten einer Sekretärin, dabei konnte sie aber in gewerkschaftliche Aktionen ausweichen und hatte somit immer einen Grund, ihre eigentliche Arbeit etwas aufzuschieben. Durch die unsichere wirtschaftliche Lage ging es ihrer Firma nicht gut, und sie folgte der vermeintlich klugen Idee ihres Mannes, sich im sicheren Staatsdienst unterbringen zu lassen. Kaum war sie an ihrem neuen Arbeitsplatz, so verspürte sie auf einmal schreckliche Spannungen im ganzen Körper, Schweißausbrüche plagten sie, Abgeschlagenheit, Mutlosigkeit, Hoffnungslosigkeit machten sich in ihr breit. Sie ahnte, daß all ihre Mitarbeiter nur darauf lauerten, sie bei einer Fehlleistung zu ertappen, um dann auch öffentlich sich über die ungeliebten, familiären Machenschaften lustig machen zu können.

»In dem Moment, als sich die ersten Knoten an beiden Halsseiten bemerkbar machten, war das wie eine Erlösung, da ging es mir eigentlich erst einmal besser, die Spannungen und Schmerzen im ganzen Körper, die Zerrissenheit, das Unwohlsein waren über Nacht wie weggeblasen!« Nach der Diagnose Lymphknotenkrebs, Stadium III b, erfolgte die klassische Strahlen- und Chemotherapie. Kurz darauf konnten ihr die Ärzte eröffnen, daß die gesamte Behandlung nun mit Erfolg abgeschlossen sei, sie somit, bis auf die üblichen Nachuntersuchungen, entlassen sei. »Ich fühle mich aber ziemlich elend! Ich bin wahnsinnig depressiv!« war Ursulas einziger Kommentar. So lernten wir uns kennen, und es begann ein Ringen voller Dramatik, Rückschlägen und Enttäuschungen, das aber nach zwei Jahren dann doch von Erfolg gekrönt war.

»Ich bin in freier Wildbahn, auf der Straße groß geworden!« so charakterisierte sie ihre Jugendzeit. Mutter und Großmutter wetteiferten darin, sie zu verwöhnen, Leistungsanforderungen waren verpönt, denn Arbeit mache krank, war ein Slogan ihrer Mutter. Als Beleg dafür wurde angeführt, daß der Bruder des Vaters nach seinem Studienabschluß an Schizophrenie erkrankt war, und später starb auch ihr Vater an Lymphknotenkrebs, kurze Zeit nachdem er an einem neuen Arbeitsplatz hatte hart zupacken müssen. Mutter und Großmutter bildeten eine eiserne Koalition mit der Tochter, der Vater wurde draußen gehalten, nicht für voll genommen. Seine Anweisungen an die Tochter wurden von den Frauen unterlaufen, und diese unternahmen auch einiges, was der Vater zusätzlich nicht erfahren durfte. So lernte Ursula auch früh zu taktieren, zu lügen. Irgendwo einmal eingebunden zu werden, Verantwortung tragen zu müssen war ihr völlig fremd und ein Greuel. »Wenn ich heute für übermorgen einen Termin beim Friseur ausmache, weiß ich auch schon gleich, daß ich morgen dieses Eingebundensein als äußerste

Zumutung empfinden und mit einer Ausrede absagen werde.«
Als ich nach einem Jahr Therapie ihr vorzuschlagen wagte, nun langsam auch mal etwas Freude im Sichfügen zu entwickeln, lehnte sie sich angewidert im Sessel zurück und meinte: »In mir kommt jetzt das Bild hoch, wie wenn man dem Satan das Kruzifix zeigt!« Entsprechend hatte sie sich einen Ehepartner gesucht, der ihr jeden Wunsch von den Augen ablas, immer für sie da war und ihre Wutausbrüche mit stoischer Ruhe über sich ergehen ließ. Und doch mußte sie ihn immer wieder abgrundtief hassen, denn was auch immer sie anpackte, er riß es an sich und konnte alles besser. Lernte sie das Skifahren, so wedelte er ihr nach kurzer Zeit davon, begann sie zu malen, so produzierte er alsbald die schöneren Bilder. Nur beim Stricken, da hielt er sich raus, »das ist das einzige, was ich habe, was er mir läßt; ich könnte ihn erschlagen!«
Im Verlauf der Therapie lernte Ursula, Fehler zuzulassen und auch vor Mitmenschen einzugestehen. Auch mit der Ehrlichkeit nimmt sie es inzwischen genauer, bemüht sich intensiv, das zu sagen, was in ihr vorgeht, wie sie die Welt, die Mitmenschen wahrnimmt. Ihren Ehemann konnte ich dazu bewegen, ihr immer mehr Freiraum zu lassen, sich nicht überall bei jeder ihrer Tätigkeiten einzumischen und dann mit einem schnelleren Erfolg triumphierend davonzuziehen. Er hat inzwischen Vertrauen in ihre Fähigkeiten entwickelt, kann es zulassen, daß sie in eigener Verantwortung ihre Wege geht. Die beiden gestanden mir am Ende der Therapie, daß

sie eigentlich während ihrer gesamten Partnerschaft noch nie so glücklich gewesen seien wie jetzt! Seit sechs Jahren ist Ursula inzwischen frei von einem Rückfall an dieser Erkrankung.

Ergänzend möchte ich noch berichten, daß ich bei sechs weiteren Patienten mit einer Lymphknotenerkrankung immer wieder die gleiche psychische Struktur vorfand: intensivste Angst vor Fehlern, große Probleme im Bereich der Ehrlichkeit. Immer wieder war festzustellen, daß diese Menschen entweder durch eine unglückliche Verkettung an äußeren Umständen oder aber durch eine eigene, krasse Fehlentscheidung in eine Situation hineingerieten, aus der es kein Ausweichen mehr gab. Als Folge einiger Umstände waren sie jetzt auf einmal gezwungen, in eigener Verantwortung Dinge zu unternehmen, Fehler machen zu müssen, was aufgrund ihrer ungeheuren Angst vor Fehlern für sie nicht möglich war. Die Erkrankung nahm sie aus ihrem Konflikt heraus.

Zum Abschluß möchte ich Sie noch einmal an Susanne erinnern, deren Fall ich im ersten Kapitel geschildert habe. Auch hier läßt sich wieder das Sinnvolle, die Symbolik ihrer Erkrankung feststellen. Susanne litt unter Schwindelattacken, Herzrasen, Kribbeln in den Armen. Anfallartig überfielen sie diese Beschwerden und steigerten sich immer derart, daß sich zuletzt Todesängste einstellten. Ich bat Susanne, einmal zu notieren, wann und in welchen Situationen diese Attacken sie überfielen. Zu Hause nie! Immer dann, wenn sie unterwegs war. Aber wiederum nur bei solchen Ausflügen, die eigenen Interessen galten. Verließ sie beispielsweise das

Haus, um Besorgungen für ihren Mann zu erledigen, so brauchte sie nicht mit Beschwerden zu rechnen. Wollte sie aber einmal eine Freundin besuchen, einfach nur so zum Plaudern, oder in einem nahegelegenen Wald spazierengehen und die Natur genießen, so konnte sie mit einem Anfall rechnen. Ihr Konflikt war demnach darin zu sehen, daß sie einerseits eigenen Interessen nachgehen wollte, sich andererseits aber hierin durch eine ungeheure Angst vor ihrem Mann blockiert fühlte. Überaus eifersüchtig wachte sie über jeden Schritt und unterband alle ihre Initiativen mit dem Hinweis auf noch nicht erledigte Arbeiten in seiner Firma. Ihre Symptome wollten sie demnach daran hindern, ihr Haus für eigene Interessen zu verlassen. Ihr Konflikt bestand in der unüberwindbaren Angst vor den Leistungsansprüchen ihres Mannes an sie.
Wenn er abends nach Hause kam, er hatte noch kaum die Haustür richtig aufgeschoben, so konnte sie schon hören: »Schatz, ist der Brief an Herrn X heute raus, wurden die Rechnungen beglichen? Was lungerst Du eigentlich hier den ganzen Tag rum, so faul möchte ich auch mal sein dürfen!« Lud sie einmal Bekannte zu einer Tasse Tee ein, so waren das in seinen Augen alles Idioten, sie solle lieber was für das Büro arbeiten.
Da Susanne von ihrer Kindheit her nichts anderes kannte, als sich nützlich zu machen, war ihr auch bisher jeder Widerspruch ihrem Mann gegenüber fremd. Jedes Wehren gegen seine weit überzogenen Leistungsansprüche für seine eigenen Interessen mußten die alten Kindheitsängste aufs neue aktivieren. Sie war somit gefügig wie

ein Opferlamm. Unzählige Male mußte sie den Hausarzt, den Notarzt, den Wochenenddienst in Anspruch nehmen. Die Beruhigungs- und Calciumspritzen linderten zwar im Augenblick geringfügig die fast unerträglichen Schmerzen und Ängste, aber – fast überflüssig zu sagen – eine Heilung trat nicht ein, die Schwindelattacken, das Kribbeln, die Panik kamen immer wieder. Beschwerdefreiheit, eine Heilung sollte Susanne später auf eine ganz andere Weise erreichen.
Zuletzt noch eine kleine, aber doch wichtige Mahnung: Schließen Sie nun bitte nicht aus diesen hier angeführten Beispielen, daß nun jeder Mensch, der zum Beispiel depressiv geworden ist, nicht nein sagen konnte und sich so arbeitsmäßig übernehmen mußte. Oder aber wenn eine Frau von einer Reizblase geplagt wird, gleich automatisch zu denken: Na ja, sie möchte nicht mehr mit ihrem Ehemann schlafen. Dies kann stimmen, aber es könnte auch eine ganz andere Begründung richtig sein! Dieses Denken führt leicht in die Irre, denn in erster Linie hat der Patient recht! Er verfügt über seine Wahrheit, und Aufgabe des Therapeuten muß es sein, diese Wahrheit des bei ihm Rat Suchenden zu erahnen und dann erst zu überprüfen, ob seine Hypothese stimmen könnte. Eine jede Therapieform, bei der der Therapeut meint, er wüßte die Wahrheit über den Patienten, halte ich schlicht für unwissenschaftlich und damit für eine Scharlatanerie.

Liebe, Hoffnung, Anerkennung

Die letzten Gäste hatten sich verabschiedet, es war ein harmonischer Nachmittag gewesen, Wilhelm, achtzig, und Elli, siebenundsiebzig, blickten auf fünfzig Jahre gemeinsamen Lebens zurück.
»Daß wir die Goldene Hochzeit so erreichen würden«, nahm Wilhelm den Gesprächsfaden wieder auf, »kann ich kaum glauben. Wie oft hatte ich dich früher zur Hölle gewünscht, hätte ich dir auch mal eine runterhauen mögen!« – »Hast du ja auch«, lächelte Elli und streichelte dabei liebevoll seine Hand, »ich habe dich ja auch oft mit meinem Schweigen, meinem Nichtreagieren zur Weißglut getrieben. In Gedanken hatte ich dich manchmal abgeschrieben, häufig bist du erbarmungslos durch mein Sieb der hohen Ansprüche hindurchgerutscht!«
Sie machten es sich auf der Terrasse, die einen weiten Ausblick über die tiefer liegende Ebene gewährte, bequem und verfolgten mit zufriedenen Blicken die untergehende Sonne. »Bald wird es um uns herum dunkel werden, zumindest hier auf dieser Welt«, begann Elli wieder aufs neue, »aber es war schön mit dir zusammen. Ich bin dir zutiefst dankbar.« Versunken ließ sie die letzten Sonnenstrahlen durch ihr volles Glas fallen. Wilhelm hatte ihr zuliebe einen rubinroten Gigondas besorgt, eine warme Erinnerung an frühere Urlaube in der Provence. »Dabei hatte ich mir zu Beginn unserer Bekannt-

schaft alles ganz anders vorgestellt«, lächelte sie vor sich hin. »Ich weiß«, unterbrach Wilhelm sie, »du wolltest einen Nobelpreisträger aus mir machen, mich so richtig nach deinem Gutdünken formen und zurechtbiegen. Ich war ja damals in deinen Augen ein armes, hilfloses Würstchen, dem man erst mal zeigen mußte, wie und wo es auf der Welt langgeht. Du mußtest mir stets sagen, was für mich richtig ist. Nun, es ist dir ja auch gelungen, mich zum Studium der Pharmazie zu überreden. Mit deiner so einleuchtenden Begründung, daß wir uns beide dann, du als Ärztin und ich als Apotheker, wunderbar ergänzen würden.«

»Na ja«, verteidigte sich Elli schmunzelnd, »als ob es gestern wäre, so sehe ich noch heute, wie dir deine Mutter zu unserem ersten gemeinsamen Konzertbesuch die Krawatte zurechtrückte, dir die Haare an der Schläfe über deine Brillenbügel strich und wie sie dich ermahnte, mich pünktlich, ohne Zeitverzug wieder zu Hause abzuliefern. Dir war doch in deinen ersten zwanzig Jahren aber auch alles vorgeschrieben worden, sogar, wann du aufs Klo zu gehen hattest, oder nicht? Und ich hatte in deinem Zimmer, Mutter war natürlich immer dabei, die Glaskolben und Reagenzgläser gesehen. Da habe ich halt angenommen, daß Chemie, oder noch besser Pharmazie, was Gutes für dich ist.«

»Ganz wie meine Mutter«, erinnerte sich Wilhelm, »die wußte auch immer alles besser, beziehungsweise sie entschied, was ich zu tun und zu lassen hatte. Ich war damals in einem ganz schlimmen Tief. Das Abitur in der Tasche, mehr schlecht als recht bestanden, wußte ich wirklich nicht, was ich mit dem Leben anfangen sollte. Ich hatte eine panische Angst, nun allein hinaus in die Welt zu müssen. Am liebsten wäre ich Offizier in der benachbarten Kaserne geworden. Das Elternhaus immer in der Nähe, und der ganze Tagesablauf immer schön vorgeschrieben, keine Entscheidungen, keine wesentliche Verantwortung. Als ich dich dann sah, hat mir das irgendwie Mut, Hoffnung gemacht. Du hast so unbekümmert die schwierigsten Dinge angepackt, für dich schien es ein ›geht nicht‹ überhaupt nicht zu geben. Das hat ungeheuer angesteckt. Du warst so stark und selbständig, dich schien nichts umwerfen zu können!«

»Kunststück«, lächelte Elli, aber ein genauer Beobachter hätte sehen können, wie ihr vordem weiches, liebevolles Lächeln auf einmal einen harten Zug bekam, »meine Mutter war ja nie dagewesen. Von Beruf Dame, war sie mehr in der Oper, im Theater oder Konzertsaal zu Hause, oder sie begleitete meinen Vater auf seinen Auslandsreisen. Noch heute erinnere ich mich schmerzhaft, wie sie sich immer wieder mit dieser überbetonten, unechten Fröhlichkeit von uns Kindern verabschiedete: ›Tschüüüs, Kinderlein, seid schön stark und tapfer, Papi braucht Mutti als Dolmetscherin, übermorgen bin ich wieder zurück!‹ War sie natürlich nie, und unsere Gouvernante las lieber Liebesromane, als sich mit uns zu beschäftigen. Du hast es ja noch miterlebt, Wilhelm, wie manche unserer Verabredungen platzten, weil ich meine kleinen Geschwister zu hüten, mit ihnen Hausaufgaben zu machen, für sie zu kochen hatte. Da lernt man halt, die Dinge anzupacken, ein Zögern gab es nicht!«

Die Sonne war inzwischen hinter dem fernen Gebirgszug verschwunden. Wilhelm kramte zwei Decken aus einer Truhe und legte die eine behutsam über die Beine seiner Frau. »Wie wohl das tut! Das hättest du früher nicht gemacht!« redete Elli vor sich hin. »Mein Gott, was waren das für Krämpfe, dahin zu kommen, daß ein jeder den anderen in Frieden läßt, ihn nicht mehr mit den eigenen Vorstellungen traktiert. Ich für mich hatte ja bald herausgefunden, daß Kinderärztin für mich der absolut falsche Beruf war. Auf Kinderhüten abgerichtet, konnte mir zuerst ja gar keine andere Profession einfallen. Verstärkt wurde ich da durch die Vorstellung von Mutter, die immer so ehrfurchtsvoll von den Ärzten geredet hatte: ›Zu einem Arzt, da schauen alle auf, und in schlechten Zeiten, da wird dem auch mal ein halbes Schwein oder ein Sack Kartoffeln zugesteckt!‹, so und ähnlich waren ihre Redensweisen. Was gingen mir mit der Zeit die kleinen Schreihälse immer mehr auf die Nerven! Nur das Herz abhorchen oder mal den Bauch abtasten, das löste bei den meisten panikartiges Gebrüll aus. Und diese dauernde Rufbereitschaft! Tag und Nacht, keine ruhige Sekunde, noch an Heiligabend wurde ich ja, erinnerst du dich, vom Weihnachtsbaum weggerissen zu einem Kind im Nachbardorf, nur weil es 38,5 Grad Fieber hatte! Auf Immer-stark-Sein programmiert, hatte ich mir da ja auch den ›richtigen‹ Beruf ausgesucht. Nur nie Schwäche zeigen, immer in Höchstform und stets lächelnd einsatzbereit. Wie lieblos die Menschen im Medizinbetrieb mit sich selbst umgehen, daß die das bis heute noch nicht bemerkt haben?«

»Ich weiß noch, wie du damals gelitten hast. Das war wie eine Schachmatt-Position für dich. Einerseits wolltest du was Nützliches, was Sinnvolles für Kinder tun, andererseits wurdest du von der Routinearbeit und deshalb, weil du zu oft wegen Belanglosigkeiten in Anspruch genommen wurdest, völlig aufgerieben. Nein sagen konntest du nicht, und dies ließ auch das Image des Arztberufes, zumindest damals, kaum zu. Du hast mir schon leid getan. Aber sagen konnte ich es dir nicht. Es war auch so eine gewisse Rachsucht in mir: ›Nun sei mal schön stark‹, dachte ich, ›du warst ja immer so stolz auf deine Stärke und hast alle verachtet, die dein Leistungsniveau nicht erreichten, nun bade das mal aus!‹ Und ich hatte ja auch ganz allein mit meinem verdammten Pillenladen zu kämpfen. Ich hatte dich doch in der Erwartung geheiratet, daß du, wie meine Mutter, ständig um mich herum bist, mir jede Verantwortung für mein Leben abnimmst. Jetzt warst du durch deine Praxis absorbiert, Mutter war inzwischen auch gestorben, niemand war mehr da, auf den ich mich hätte stützen können. Welche Todesängste habe ich oft ausgestanden in der Befürchtung, ein Rezept falsch gelesen, eine Mixtur falsch zusammengerührt zu haben! Ich sah mich oft als Massenmörder durch Verwechslung von Pillen und Zäpfchen. Rief mich einmal ein Arzt an, so bekam ich Schweißausbrüche bei dem Gedanken, ich hätte ihm die falschen Spritzen rübergeschickt. Nun, wie du weißt, ich fand einen Ausweg. Erinnere ich mich richtig, so hast du mir sogar noch Mut dazu gemacht? Aber die Verantwortung lag wirklich schon bei mir, ich heuerte eine Assistentin an, eine Perle. Die schmiß bald den ganzen Laden. Ich brauchte mich um nichts mehr zu kümmern, konnte mich in meine Studierstube zurückziehen, mich meinem Hobby widmen.«

Beide lachten, wobei Wilhelm etwas Rotwein verschüttete, und er konnte noch ausgelassener lachen: »Früher wäre jetzt ein strafender Blick von dir herübergekommen, so richtig vernichtend, etwa in der Art: ›Sogar zu dumm, um ein Glas ruhig in der Hand zu halten, wie willst du da mit Reagenzgläsern umgehen können?‹«

Es entstand eine Pause. »Ich mach' mal den Deckenstrahler an«, sagte Wilhelm, und im Aufstehen fuhr er fort: »Bevor wir gehen müssen, sollten wir diese Erfahrungen noch für unsere Kinder in einem kleinen Büchlein festhalten. Liebe konnte ich spontan zu dir empfinden, als du schwach und hilflos auf dem Boden lagst. Unendlich große Zuneigung zu dir entstand, als ich bei und mit dir immer wieder die Erfahrung machen durfte: Du zerreißt mich nicht, wenn ich einmal Mist baue. Indem du mir zunehmend Vertrauen schenktest, Zutrauen zu meinen Fähigkeiten entwickeltest, wurde ich mutiger, bekam ich Hoffnung. Indem du nicht mehr so beherrscht warst, mehr Gefühle zulassen konntest, kam auf einmal Wärme zu mir rüber. Ich bekam menschliche Signale von dir, ich gewann an Bedeutung dir gegenüber. Bin ich so verständlich?«

»Sicherlich«, entgegnete Elli, »umgekehrt kann ich genau das gleiche sagen. So richtig gemocht habe ich dich eigentlich erst, als ich mehr und mehr mit dir reden konnte, als du dich öffnetest und Fehler zuzugeben vermochtest. Ich konnte mich dann mehr zu dir neigen, bekam eine wohltuende Sehnsucht, Zuneigung zu dir, nachdem ich immer wieder erfahren hatte, daß du in den Fällen der Not zur Stelle bist, ich mein Steuer mal aus der Hand geben darf. Was ich früher nie wußte: Meine Sehnsucht war die nach Zuverlässigkeit, Offenheit und Ehrlichkeit. Mein Überengagement war ja nur aufgesetzt gewesen, Theater. Ich werde dir nie vergessen, wie du es mir finanziell ermöglicht hast, aus dem Dienst im Gesundheitsamt auszuscheiden, diese schöne, ach so sichere Geldquelle herzugeben. Es mußte für dich ja auch schwer verständlich sein, daß eine chronische Unterforderung, ein tägliches Nichtstun krank, in meinem Fall depressiv machen kann. Zumindest mich, deren Droge ja Arbeit war. Ich befand mich in dem Konflikt, im Amt meine Zeit vertrödeln zu müssen, traute mich aber nicht, dir dies zu sagen, da wir das Geld ja brauchten. Daß du an dein Erbe gehen könntest, wär mir schon überhaupt nicht eingefallen. Wilhelm, hörst du mir noch zu? Ist ja auch schon spät geworden. Nur dies noch: Hätte ich nicht in dir einen so geduldigen, einfühlsamen Kritiker meiner Texte gehabt, hättest du nicht als erster meine Texte anerkannt, ich wäre wohl nie eine so geachtete Schriftstellerin geworden. Es war schön, mit dir zu leben! Magst du mit reinkommen? Ich möchte schlafen gehen!«

Mit einer familien-psychotherapeutischen Arbeit möchte ich bewirken, daß es mit der Zeit mehr und mehr Ellis und Wilhelms gibt. Daß Liebe, Hoffnung und gegensei-

tige Anerkennung wieder Einzug in unsere Familien halten und Krankheiten dadurch immer seltener, ja überflüssig werden. Menschen mit Angst vor Fehlern sehnen sich nach Zutrauen in ihre Fähigkeiten und Möglichkeiten, sie dürsten nach Wärme, emotionalen Reaktionen ihrer Partner. Erfahren sie beides, Wärme und Zutrauen, so entsteht in ihnen Hoffnung, die sie befähigt, endlich einmal eigene Wege zu wagen, Entscheidungen zu treffen, sich selbst zu fordern und hierdurch im Lauf der Zeit die eigene »Melodie« zu finden. Von einem Menschen mit Angst vor Schwäche, der sich nicht aufmacht, die hieraus resultierenden Strategien abzubauen, können sie die Erfüllung all dieser berechtigten Wünsche nicht erwarten. Inzwischen haben mir aber viele Menschen mit Angst vor Fehlern bewiesen, daß sie in der Lage sind, selbständig, ganz auf sich allein gestellt, sogar gegen den Widerstand ihres Partners, ihre Angst vor Fehlern abzulegen und sich dadurch selbst Hoffnung zu verschaffen! Sozusagen als Nebeneffekt bildeten sich dabei die verschiedensten Erkrankungen zurück.
Menschen mit Angst vor Schwäche sehnen sich nach Zuverlässigkeit, Offenheit und Ehrlichkeit. Werden ihnen diese Kriterien entgegengebracht, so wird es ihnen leichterfallen, von der Droge Arbeit, dem Sich-nützlich-Machen loszulassen und sich mehr mitmenschlichen Beziehungen zuzuwenden. Auch hier ist ein Alleingang, sollte der Partner nicht mitmachen, möglich.
Meine über die Jahre gewonnene Überzeugung mag vielleicht angreifbar sein, dennoch bin ich der Ansicht, daß jeder Mensch vorrangig seiner Bestimmung, seiner

Begabung, seiner »Melodie« verantwortlich ist, und erst in zweiter Linie hat er sich den Anforderungen seiner Mitmenschen zu fügen. Wenn im Rahmen einer Familien-Psychotherapie der eine Partner, nehmen wir an der erkrankte, sich nun ändern, der andere aber bei seinen Ängsten und damit feindseligen Strategien bleiben möchte und letzterer hierdurch den Patienten zu vernichten droht, so meine ich, ist es legitim, wenn der Indexpatient aus der Partnerschaft aussteigt. Bleibt der Partner, trotz allem guten Zuredens, bei seinen aggressiven Lebensbewältigungsstrategien, so darf der andere, als letzte Lösung, auf Distanz gehen.

Zum Glück kommt eine solche Zuspitzung selten vor. Dennoch erscheint es mir wichtig, diese Ultima ratio auch anzusprechen. Nur wenn man innerlich frei ist, im Extremfall auch eine Trennung in Kauf zu nehmen, hat die Suche nach dem eigenen Weg die größte Aussicht auf Erfolg.

So verfuhr auch Susanne, die Patientin aus dem ersten Kapitel. Trotz massivster Proteste ihres Mannes – er drohte ihr sogar mit einem Rausschmiß aus dem Haus und Streichung aller finanziellen Mittel –, meldete sie sich eines Tages zu einer Ausbildung in Familientherapie an. Von da an blühte sie auf. Sämtliche Beschwerden waren wie weggeblasen. Das Leben hatte, zum erstenmal nach vierzig Jahren, einen Sinn. Sie lernte zu lachen und zu singen. Sie setzte es auch zu Hause durch, ein eigenes Schlaf- und Arbeitszimmer zu bekommen, das Haus mußte hierfür geringfügig umgebaut werden. Natürlich hilft sie nach wie vor ihrem Mann bei seinen

Büroarbeiten, nur wann und wieviel, das liegt jetzt in ihrer Entscheidung. Ihr Sohn, der vorübergehend in die Drogenszene abgerutscht war, konnte sich inzwischen wieder fangen. Sie kann ihm hierbei behilflich sein, ohne ihn wie früher zu bevormunden, ihn wieder an sich zu fesseln. Ihr Mann verfolgt all die Veränderungen mit mißtrauischem Interesse. Er kann aber nicht umhin, zu konstatieren, daß nichts, aber auch gar nichts gegen ihn gerichtet ist, daß er jetzt eine lebenslustige Frau gewonnen hat, wie er sie sich im Grunde schon immer gewünscht hatte. Ich habe die berechtigte Hoffnung, daß er sich eines Tages auf den Weg machen wird, seine immense Angst vor Fehlern abzubauen. Hier kann nur er allein sich helfen.

Die im letzten Kapitel aufgeführten zehn Thesen stellen die Quintessenz meiner Erkenntnisse und der daraus abgeleiteten Therapie dar. Für den interessierten Leser ist es vielleicht ganz hilfreich, diese zehn Thesen auf zwei DIN-A4-Seiten festzuhalten und immer wieder mal einen Blick darauf zu werfen. Veränderungen im Erleben und Verhalten geschehen nicht durch ausschließliche intellektuelle Einsicht, sondern durch *tägliches Einüben,* indem man neue, in diesem Buch aufgezeigte Lebensmethoden wagt. Ich wünsche Ihnen hierzu viel Erfolg und damit Gesundheit.

Krankheit oder die Angst vor dem Partner – Zehn Thesen

1. Jeder Mensch ist eine Teildarstellung der Schöpfung Gottes, und damit primär gut, das heißt zum Guten befähigt.

2. In jedem Menschen ist eine besondere, einmalige Bestimmung, Begabung angelegt.

3. Partnerschaft sollte unter anderem dazu dienen, daß ein jeder dem anderen verhilft, seine besonderen Bestimmungen zu entfalten.

4. Als Aggression ist alles zu werten, was mich hindert, zu meiner Bestimmung, meiner Begabung, meiner »Melodie« zu kommen.

5. Sinneseindrücke, Empfindungen, Gefühle sind innere Sensoren, die mir korrekt meine Befindlichkeit anzeigen und damit meinen Weg zu meiner Bestimmung.

6. Die Unterdrückung von Sinneseindrücken, Empfindungen und Gefühlen bewirkt Angst, die über Aggressionen entladen werden muß.

7. Einigen Menschen gelingt es, diese Aggressionen nach außen, das heißt gegen andere auszuleben. Einige Menschen sind aus Angst gezwungen, ihre eigenen Aggressionen gegen sich zu richten. Zusätzlich müssen sie die Angriffe der anderen einstecken. Als Lösung kann sich dann eine passende Erkrankung anbieten: eine Erkrankung, die den Betreffenden aus seinem krankheitsauslösenden Konflikt herausnimmt.

8. Entsprechend dem Umgang mit der Angst lassen sich zwei Menschentypen unterscheiden:
   Menschen mit Angst vor Schwäche
   Menschen mit Angst vor Fehlern; Angst, die Erwartungen der anderen nicht zu treffen; Angst, schuldig zu sein (falsche Entscheidungen zu treffen)

9. In einer Partnerschaft findet immer wieder ein Mensch mit Angst vor Fehlern mit einem Menschen mit Angst vor Schwäche zusammen. Jedem der beiden sind die Aggressionsformen eigen, auf die der andere am empfindlichsten reagiert. Es entsteht die symmetrische Eskalation.

10. In der Therapie muß verständnisvoll, aber nicht minder konsequent und hartnäckig darauf hingewirkt werden, daß über die Zeit die sogenannten Nicht-Symptomträger ihre ihnen spezifische Form der Aggression wahrhaben und unterlassen lernen.

Dem Symptomträger, dem Erkrankten, muß Mut gemacht werden, die von seinem Partner ausgehenden Aggressionen wahrzunehmen.
Der Schlüssel zum Zugang für einen Menschen mit Angst vor Fehlern ist: Mut machen, ihm etwas zutrauen, an ihn und seine zu ihm liegenden Möglichkeiten, Fähigkeiten glauben, und durch diese Strategien Hoffnungen in ihm aufzubauen. Der Schlüssel zum Zugang für einen Menschen mit Angst vor Schwäche ist: Lieben, ihn in den Arm nehmen, anerkennen, einfach dafür, daß es ihn als Individuum gibt, daß er da ist. Das heißt, daß er Liebe erfährt, *ohne* eine Leistung erbracht zu haben.
In einem zweiten Schritt wird der Indexpatient den Mut entwickeln, auf seinen Partner so einzuwirken, daß dieser seine Aggressionen unterläßt, das heißt, daß er sich traut, seine Betroffenheit zu äußern.
Indem der Erkrankte den Mut entwickelt, Aggressionen, auf die er besonders empfindlich ist, abzustellen, fördert beziehungsweise entfesselt er die Selbstheilungskräfte seines Organismus.

Literatur

Beck, Dieter: Krankheit als Selbstheilung. Frankfurt 1984
Capra, Fritjof: Das Tao der Physik. München 1997
Csikszentmihalyi, Mihaly: Lebe gut! Stuttgart 1999
LeDoux, Joseph: Das Netz der Gefühle. München 1998
Kast, Verena: Vom Sinn des Ärgers. Stuttgart 1998
Miller, Alice: Am Anfang war Erziehung. Frankfurt 1983
Miller, Alice: Du sollst nicht merken. Frankfurt 1983
Moeller, Michael L.: Worte der Liebe. Reinbek 1998
Roth, Gerhard: Das Gehirn und seine Wirklichkeit. Frankfurt 1997
Selvini Palazzoli, Mara: Magersucht. Von der Behandlung einzelner zur Familientherapie. Stuttgart 1998
Stierlin, Helm: Das Tun des Einen in das Tun des Anderen. Frankfurt 1976
Stierlin, Helm: Delegation und Familie. Frankfurt 1982
Stierlin, Helm: Adolf Hitler. Familienperspektiven. Frankfurt 1995
Stoessel, Jürgen P.: Wenn Pillen allein nicht helfen. München 1984
Wickler, Wolfgang; Seibt, Uta: Männlich – Weiblich. Heidelberg 1998
Zimmer, Dieter E.: Die Vernunft der Gefühle. München 1981